SELF

驚くほど仕事が取れる！自己紹介のつくり方

鈴木ケンジ

introduction

はじめに

「たった1分であなたの人生が変わります」

そう言われても、あなたは信じられないかもしれません。では、突然ではありますが、ある男性の話を聞いてください。

静岡県のある田舎町に住む男性がいました。その男性は過去に信頼をしていた人に裏切られたことがあり、人を信じることが怖くなってしまっていたのです。そのために、極度の人見知りになってしまいました。初めて会う人の前に出ると、言葉が詰まってしまったり、目が見れなくてうつむいて下を向いたまま話をしてしまいます。

それでも仕事をしていると、大勢の人前で喋る時もあります。ある時、上司からの指示で新卒採用の説明会で話すことがありました。100名ほどの大学生の前で話さなければいけなくなってしまったのです。その男性は100名の前に出ると緊張がマックスになってしまって、頭が真っ白になり、足もガクガク震え出しました。40分話す時間があるにもかかわらず、わずか15分で「ありがとうございます……」とステージを後にしてしまったのです。

＊　＊　＊

このままではいけない……そう思った男性は、人前に出ても緊張せず何分でも話せる上司に、緊張しないコツを聞いてみました。しかし、その上司のアドバイスは「練習すること！」の一言だけでした。

そして時が経ち、２０１０年、その男性は起業を決意。勢いだけで起業してしまい、お客様もゼロ、貯金もゼロだったその男性は過去の伝手を使ってなんとかお客様を得ていたものの、起業前に想像していた生活とはまったくかけ離れた生活をしていました。

それもそのはずです。起業家と言えば、自分が商品のようなもの。相変わらず極度の人見知りであるその男性は、このままでは生活も変わらない、このままではダメだと思いました。

そこで、その男性は自分を変えようと、集客をするために交流会に参加します。しかし人見知りが災いして名刺交換はほとんどできず、集客もできない日々が続きました。

交流会に行ってもマシンガントークで売り込みばかりされる。もう嫌だ！　なんで喋れないんだろう……。なんで集客できないんだろう……。

交流会に行くのもやめ、家にこもることが増え、そんなことを考えるようになったのです。その時に、以前に上司にアドバイスされた言葉が脳裏に浮かびました。

「練習すること！」

そうか！　練習をしていないから喋れないんだ！

そう気づいた男性は自己紹介の練習を始めました。最初は紙に書き、それを読むことから始め、最終的には何も見ずに喋れるようになるまで何度も何度も練習したのです。

すると多少の自信も出てきて、交流会にまた参加できるようになりました。多少自信も持つことができたことで、名刺交換もでき、自己紹介も話せるようになったのです。

＊　　＊　　＊

しかし、いくら交流会に参加しても、依然として仕事にはなかなかつながりません。

「なぜ、仕事につながらないんだろう……」

そう考えた男性は、交流会で仕事を取れている人の特徴を思い出してみました。すると、その人達には共通点があったのです。それは、「自己紹介だけでお客様が興味を持っている」ということ。

そして同時にある1つの法則を見つけました。それはマーケティングにも言えることです。もともとマーケティングコンサルタントをしていたその男性は、その共通点である法則とマーケティングの観点を組み合わせて、オリジナルの自己紹介のテンプレートを作り上げました。

そして、そのテンプレートに沿って練習をし、交流会に臨むようになりました。

すると嘘のように仕事につながっていくのです。実際にお客様と契約になったり、一緒にビジネスをする方が見つかったり、講師を依頼されたり、紹介もどんどん生まれていきました。また、あるセミナーでは自己紹介を聞いただけで高額の講座に参加を決めてくださった方もいらっしゃいました。

そうなのです。その男性は、自己紹介で起業家としての人生をガラッと変えたのです！

＊　＊　＊

もう聡明なあなたならお気づきですね。そう、ある男性とは私のことなのです。

私は自己紹介で起業家としての人生が激変し、今ではおかげさまで起業してから11年以上が経ちました。オンライン講座なども含めると累計5万人以上の人に自己紹介を含めマーケティングについてお伝えさせていただいております。

申し遅れました。本書を手に取っていただき、誠にありがとうございます。鈴木ケンジと申します。

現在、自分の人柄や想いを動画やSNS、電子書籍を通して伝えるだけで、共感するお客様だけが自然と集まり続け、売上が30万、50万、100万と安定継続的に伸び続ける「人柄マーケティング」というオリジナルのマーケティング手法を中心に、ひとり起業家や副業をしたいサラリーマン・主婦の方向けのマーケティングコンサルタントとして活動させていただいております。

＊　＊　＊

私が自己紹介の方法などをお伝えしたお客様の中には、売上ゼロの状態から1年で1000万の売上を上げた方や、わずか6ヶ月でサラリーマン時代の10倍の年収になった方、たった1ヶ月で2000万円の売上を上げた方、そしてたった90日で300万売り上げ、今では3年連続1000万超えになった方など、大きな成果を出している方が多くいらっしゃいます。

本書では私や仲間の起業家人生を変えた、「仕事が驚くほど取れる自己紹介」のすべてをお話させていただきます。

どうすればお仕事につながるのか、実際に使っている5ステップの自己紹介のテンプレート、3つの場面に合わせた自己紹介の方法、実際の自己紹介の作り方など、すべてを公開させていただきます。

本書を読み終えた後は、自己紹介を作っていただき、ぜひ実践をしてください。そしてあなたの商品をほしいというお客様をどんどん見つけていただければと思います。

2021年4月
鈴木ケンジ

第2章　必ず興味を持ってもらえる「最強の自己紹介」の作り方

第3章　自己紹介を「また会いたい」につなげるための聴き方・話し方・覚えられ方

序章

人生が一瞬で変わる！
自己紹介の「3つのメリット」

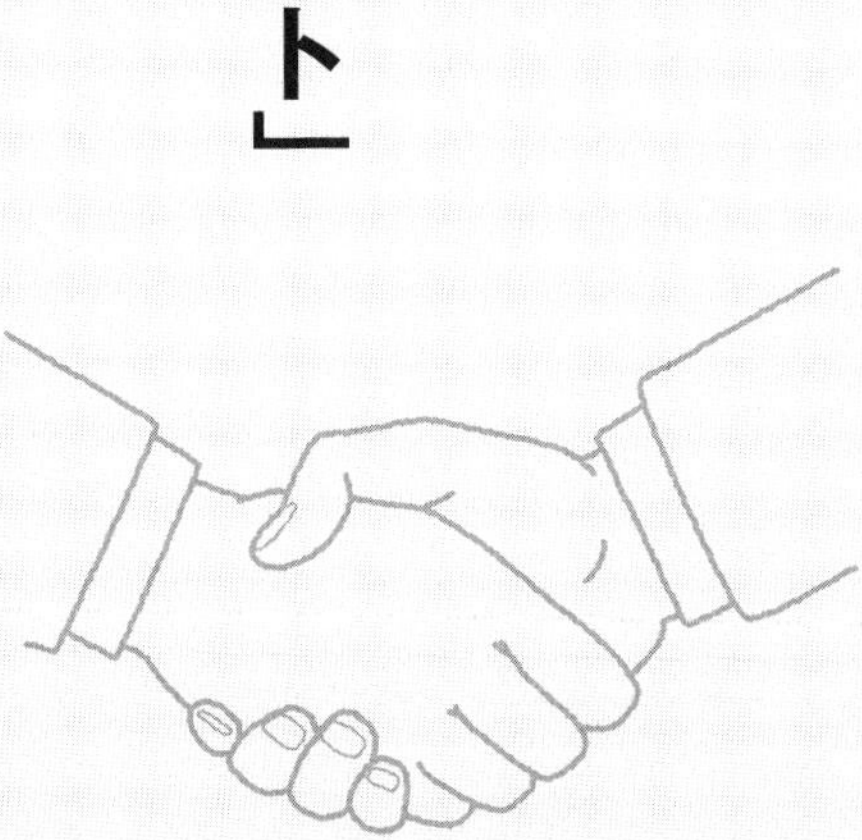

第一印象が良くなる

●第一印象の９割は自己紹介で決まる

私達起業家にとって避けては通れないことがあります。それは「自己紹介」。交流会を始め、セミナーやお客様との商談はもちろん、そういったリアルの場だけではありません。ウェブ上でもＳＮＳやユーチューブなど、すべてにおいて自己紹介は必須となっていますよね。

そして、自己紹介をするのはほとんどの場面が初対面の時。そうなのです。自己紹介＝第一印象になってしまうのです。

恋愛で言うとギャップにキュンとくるなんてこともあるかもしれません。ただそれは会う機会が２回、３回とあるからこそ言えることです。ビジネスでは第一印象で嫌な印象を与えてしまったら、もう２度と会ってもらえないことがほとんどでしょう。

あなたも経験がありませんか？

例えば、交流会で名刺交換をした時に、いきなり売り込みをされてとても嫌な思いをしたことが。

ビジネス以外でも洋服屋に入った時、たまたまコートを見ていたら、「良かったら試着できますので！」と声をかけられて、自分としてはただ見ていただけなのに売り込まれた感じがして店を後にしたことはないでしょうか。

他にも商談しにきた方が、言葉遣いが悪かったり、態度が横柄だったり、マシンガントークでいっさいこちらの話を聞いてくれなかったり。そうなると、その後の話はまったく聞く気にならないですよね？

あるいは、相手が自信なさそうに見えたり、声が小さく聞き取れないと、大丈夫かなと心配になり、その相手に任せるのが怖くなってしまうこともあるのではないでしょうか。

それぐらい第一印象は大事なのです。

なので、その第一印象の9割が決まってしまう自己紹介はビジネスマンにとってもっとも重要と言えます。自己紹介で良い第一印象を残し興味を持っていただくことができれば、ビジネスに確実につながっていきます。

●自己紹介次第で名刺交換10人中10人をお仕事につなげることも可能

第一印象で、あなたの商品に興味を持っていただくことの重要性はお話しましたが、そこでさらに重要なことがあります。それは、「詳しく教えてもらえませんか?」「それってどういうことですか?」というような言葉を引き出すことなのです。

名刺交換をして、自己紹介をしたとしても、その場で契約とはなかなかなりません。しかし10人名刺交換をし、10人アポイントメントが取れる。自己紹介から確実に後につなげることは、決して不可能なことではありません。

自己紹介で興味を持っていただき、「詳しく教えてもらえませんか?」「それってどういうことですか?」という言葉を引き出すこと、そしてその場で次のアポイントメントを取ることで全員とお仕事できることが可能になります。

また、その言葉を引き出すことができれば、私みたいに人見知りな方や、喋るのがあまり得意ではない方でも、その後の話はしやすくなるのではないでしょうか?

実際に私自身も人見知りは今も変わらず続いていますが、自己紹介で興味を持ってお話を聞いていただけるようになりました。そのことで、お話がその後もだいぶ気楽にできるようになっています。

商品やサービス自体には自信を持って喋ることができるので、売り込みをしていないにもかかわらず、自己紹介からの流れで売上を作ることがその場でできてしまっているのです。

●交流会がお仕事につながる人、つながらない人の違いも自己紹介

私は交流会を3年間毎月主催し、他にも月に数回、交流会に参加をしていました。その時に参加者を見ていると、交流会からビジネスがつながる人と、つながらない人には、ある共通点がありました。

仕事につながる、実際にお客様を紹介してもらえている人は、最初の自己紹介で、場を掴んでいるのです。とは言っても、みんながみんな、すごいペラペラとスムーズに喋っているわけではありません。噛んだりしながらもしっかりと伝えるべきこと、聞いている人が聞きたいことを1分という短い時間で興味を引きながらしっかりと伝えることができている。そしてそのことで、聞いている側もその人が「誰なのか」「何をしているのか」が

わかり、記憶に残ることで、後につながっていくのです。

一方、仕事につながらない人は、自分の言いたことだけを言って満足してしまっています。もしくは、喋る練習をしていないのか、時間内に終わらない。商品の機能説明だけをしている。どこでも聞けるような話だけをしていて、まったく印象に残らない。どちらかと言うと「できないビジネスマン」という悪いイメージしか残らないという残念な結果になってしまっています。

●名刺交換をして数分話すだけでお仕事につながる自己紹介を身につけよう

私のお客様に竹之内さんという女性起業家がいらっしゃいます。彼女も、名刺交換をして、ちょっとお話するだけで、その場でお仕事がどんどん取れてしまう人です。

例えば、起業家が集まった、ある出版パーティーでのこと。彼女もそこに参加したのですが、時間があまりなく、名刺交換できたのも4、5人だけでした。

しかし、その際に2人のお客様からお仕事を依頼されたのです。それも無理やり売り込んだわけではなく、たった数分お話をしただけにも関わらず、相手の方から「詳しくお話を聞きたいです！」という言葉を引き出したのです。さらには、相手の方に共感をしてもらい、「竹之内さんにお願いしたい！」と言ってもらえたのです。

これもすべて最初の名刺交換の際の自己紹介でお客様に興味を持っていただき、「詳しく教えてもらえませんか？」「それってどういうことですか？」という言葉を引き出したことの結果と言えます。

また、これはリアルの交流会だけではなく、オンラインでも同じ。田山さんという女性起業家がいらっしゃいます。彼女は初めてオンラインの交流会に参加した際、25秒の自己紹介をしただけで、話が聞きたいと参加者が殺到し、初対面の方ばかりだったにもかかわらず、そこからビジネスにつながっていきました。

あなたも本書を読み、同じように仕事につながる自己紹介を身につけていただければと思います。

売上が確実に上がる

価格やブランドではなく、あなたという人を選んでもらう

先にお伝えしたことにもつながるのですが、自己紹介で興味を持っていただくことで売上が確実に上がっていきます。それはなぜかと言うと、自己紹介で興味を持っていただくということは、あなたのビジネスや商品、そしてあなた自身に興味を持っていただくということだからです。

特に本書では、あなたのビジネスや商品だけではなく、あなた自身の人柄に興味を持っていただくための自己紹介の方法を解説していきます。そのことによって、商品で選ばれるだけではなく、あなたが売っているからという理由が購買目的の上位に来るようになります。すると、もちろん売上は確実に上がっていきますし、さらにはリピート購入にもつながりやすくなります。

商品に興味を持っていただくことだけを考えると、「安い」「業界ナンバー1のシェア」「日本初」など差別化が必要となります。裏を返せば、価格で選ばれてしまったり、業界で有名な会社に負けてしまったりしてしまいます。役に立つ商品なのであればナンバー1の商品だけでいいわけです。

そうではなく、「あなたが売っているから」「あなただから」というように、あなた自身に意味を持たせると、より大きな売上が見込めます。またその場でもし売上につながらなくても、あなたを頼る人たちは増えていき、長い目で見た時もあなたには利益にしかならないようになります。

●50％のお客様がその場で購入を決断

「はじめに」にも書かせていただきましたが、私自身がまさにそれを経験しています。まだセミナーをしたことがほとんどなかった頃、講座を販売するためのセミナーを開催することになりました。初めてのセールスをするためのセミナーだったので、セミナーの構成などもわかりません。とりあえず自己紹介だけはしっかりしようと思っていました。

そしてそのセミナーで、本書でお伝えするテンプレートに沿った、少し長めの自己紹介をさせていただいたのです。

するると、11人が参加しているそのセミナーで、6名の方が30万円の高額講座に参加を決めていただけました。さらに、セミナー2回の合計では21名の方が参加し、その50％を超える11名の方が初講座にも関わらず講座に参加を決めてくださいました。

その時に「なぜ講座に参加を決めてくださったんですか」と質問をしたところ、11名中6名が「鈴木さんの最初の自己紹介を聞いた時に入ることを決めました！」とおっしゃってくださったのです。

その中のひとりは、セミナーにご参加いただいた時に、実は同じような内容を教えている方のコンサルティングを受けると既に決めていて、ただ勉強のために私のセミナーに参加をされたということでした。しかし、私の自己紹介を聞いて、受けると決めていたコンサルタントの方にはお断りをして、講座に入ることを迷いもなく決断されたそうです。しかも私の講座の方が高いにも関わらず、です。

人見知りでも1年で1000万

また、私の講座に参加していた中井さんという男性起業家がいらっしゃいます。彼は私の講座に参加する前は病気の療養も兼ねて家にずっと引きこもっていました。そのため、もちろんお仕事もしていませんでした。ビジネスでの収入はゼロという状況です。しかし、商品を決めて自己紹介を練習して交流会に参加したところ、2週間後には年間360万円という契約が取れました。

中井さんは自分の好きなことはいくらでも喋れる方ですが、人前で自己紹介をすることなどは、人見知りも相まって、とても苦手にしていました。実際に交流会で自己紹介する時も、噛みながらの自己紹介だったんです。それでも本書でお伝えする自己紹介のテンプレートに沿って一生懸命話したことで、周りの参加者にしっかりと商品や中井さんの人柄が伝わり、お仕事の紹介がたくさん生まれました。

そして1年が経つ頃には口コミが口コミを産み、年商が1000万を超えていたのです。中井さん自身もまさかそんなに売上が……と驚いていましたが、それもこれもすべては最初の自己紹介からつながっていったお仕事なのです。

●自己紹介と名刺を変えただけで仕事の依頼が続々

起業をしたけれど、思ったようにお仕事を取れていなかった方が、自己紹介を変えただけで依頼が続々くるようになったという例もあります。

間宮さんという女性起業家も、その名刺と新たな肩書、そしてテンプレートに沿った自己紹介によって大きく人生が変わったひとりです。

彼女は、もともとはライターという肩書でサラリーマンをしながら副業でメルマガなどを教えていた方でした。ただ、交流会などに参加してもなかなかお仕事にはつながらず、たとえお仕事になっても単価の低いものばかりだったのです。

ところが、私が肩書をアドバイスし、自己紹介と名刺を変えてもらったところ、名刺交換をするだけでも「すごいですね」と声をかけられるようになり、続々とお仕事の依頼が来るようになりました。単価も10倍近くアップし、依頼を断るぐらいになったのです。今では前職を辞め、弊社のマーケティングライターとして大活躍しながら、副業でも多くの方に売れるライティングを提供されています。

●プロフィール型ではなく共感型の自己紹介が重要

私や竹之内さん、田山さん、中井さん、そして間宮さんはなぜその成果が出たのか？

実は自己紹介には、次の2通りがあります。

・プロフィール型自己紹介
・共感型自己紹介

詳しくは後ほど書かせていただきますが、本書でお伝えするのは、後者の共感型自己紹介になります。先ほどお話した、受けると決めていたコンサルタントの方にお断りをして、私の講座に入ることを迷いもなく決断された方は、まさに私の自己紹介に共感をしてくださって、私の講座に参加することを決めてくださいました。

後で聞いたお話では、その自己紹介を聞いた時に、涙が溢れてきてしまったのだそうです。人見知りな私の自己紹介でもその方は感動で涙し、共感し、高額な商品を購入してくださったのです。

また、中井さんのお客様も中井さんの人柄や、やっていることに共感し、仕事を依頼してくれています。そして、その仕事に満足をして、同じように困っている方に紹介をするという、とても良いスパイラルが生まれています。

実はこの共感型自己紹介は、ストーリーをうまく活用しています。セミナーはもちろん、交流会や商談でも活用できる鉄板の型です。そして今まで挙げた方達以外にも多くの成果をもたらしている型となります。

本書を読み進めていただければ、あなたもその自己紹介を習得できるようになりますので、楽しみにしていてください。

濃い人脈が向こうから寄ってくる

●お客様が勝手にセールスをしてくれる紹介の威力

あなたを好きになってくれた方は、あなたをどんどん紹介してくださいます。しかも、あなたをとても素晴らしい言葉で褒め称え、ティーアップし、中には代わりにセールスをしてくださる方もいるでしょう。それは商品だけではなく、あなた自身に価値を感じてくださっているからに他なりません。

紹介の良さは、あなたの信頼だけではなく、紹介してくださる方の信頼も乗っていることです。しかも、その方があなたのことを絶賛しているわけです。そのため、紹介でお会いした方は初対面にもかかわらず、もう既にあなたを信頼してくださっている方がほとんどです。だからこそ、より購入にもつながりやすいわけです。

●自己紹介から生まれる紹介の連鎖

そして一度紹介をされたという経験をしているからこそ、また同じように紹介をしてくださりやすくなります。そのようにして、紹介は紹介の連鎖を生み、あなたのビジネスは発展し続けていくのです。

実際に私自身も交流会で、わずか3分の自己紹介とPRの時間だけで、セミナーを満席にすることができました。さらにはその中の50%の方が、100万円とかなり高額にも関わらず、商品を購入してくださいました。そのセミナーで初めてお会いしたにも関わらずです。そのような結果が出たのも、紹介していただいたことで、紹介者の信頼が私に乗っていたからで、それもすべては最初の自己紹介のおかげなのです。

また、先ほどお話した中井さんも同じです。中井さんは起業家向けにパソコン作業のサポートをしています。そしてセミナー開催をしているわけではなく、中井さんが解決できる悩みを持っている方を直接紹介をしていただく形を取っています。そのため、中井さんがその方と直接、もしくはオンラインで会う時には、もう既に悩みもある程度わかっていて、仕事にどんどんとつながっていくのです。

●ビジネスパートナーも向こうからやってくる

私が経験しているのは、そういった直接的な紹介だけには留まりません。

例えば今、一緒に会社を経営している佐藤雄一さんは、私が参加した講座で出会った方からの紹介がきっかけです。講座で出会った方が、私が自己紹介でお話したユーチューブ・マーケティングに興味を持ち、ご自身のお客様に教えてほしいということで紹介されたのが佐藤さんでした。その方が私をティーアップして佐藤さんに紹介をしてくださっていたおかげで、佐藤さんにも私に興味を持っていただけ、一緒に仕事をしませんかと声をかけていただいたのです。今ではビジネスパートナーとして会社を経営し、6年以上一緒にやっています。

他にも「信頼できるから」と、私が解決できるようなことで悩んでいる方をご紹介いただくことも頻繁にあります。また、3年前、5年前にお会いして以来、しばらくお会いしていない方から、久しぶりのメールが来たと思ったら、紹介したいという旨のメールだったりということが、今でもあります。

他にも、リアルの場だけではなく、私の動画での自己紹介を見て覚えていてくださっていた方に声をかけていただいたこともあります。そしてそこからビジネスパートナーとしてお互いに欠かせない存在となり、今でも一緒にビジネスのプロモーションをし続けている方もいらっしゃいます。

●あなた自身に共感してくれる濃い人たちを集めるために

このように、人脈は数ではなく濃さが重要になります。

よく、私は知り合いがたくさんいるという方がいらっしゃいますが、それは名刺交換をしただけの数であることが往々にしてあります。ただ名刺交換をしただけの人を人脈とは言いません。人脈とは、お互いにお互いを助け合える人たちのことです。

今回お伝えする共感型自己紹介は売り込みでもなく、商品だけの価値でつながるものでもありません。あなた自身に共感してくださる濃い人たちを集めるための自己紹介になります。

そのことで濃い人脈がどんどん集まっていき、あなたが困っている時には多くの仲間があなたを助けてくれるようになります。そしてあなた自身も多くの人に価値を提供し、より濃い、深い人脈を築いていくことができるようになっていくのです。

それもすべては最初のミーティングポイントである「自己紹介」から始まります。自己紹介で興味を持っていただき、あなた自身に共感をしてくださること。それが、その後のビジネスへと確実につながっていきます。そのことは、私自身だけではなく、私の元で学ぶ仲間達も身をもって経験しています。

だからこそ、自己紹介を疎かにするのではなく、本書によって自己紹介を徹底的に学び、実践し、自己紹介のプロフェッショナルになっていただければと思います。そしてあなたのファン、濃い人脈を増やし続け、あなたの素晴らしい商品、サービスを多くの方に届けるきっかけにしていただければ、私も嬉しいです。

では、次の第1章から本格的に自己紹介についてお伝えしていきますので、どんどんと学びを深めていっていただければと思います。

第1章

自己紹介が仕事につながらない人の「5つの理由」

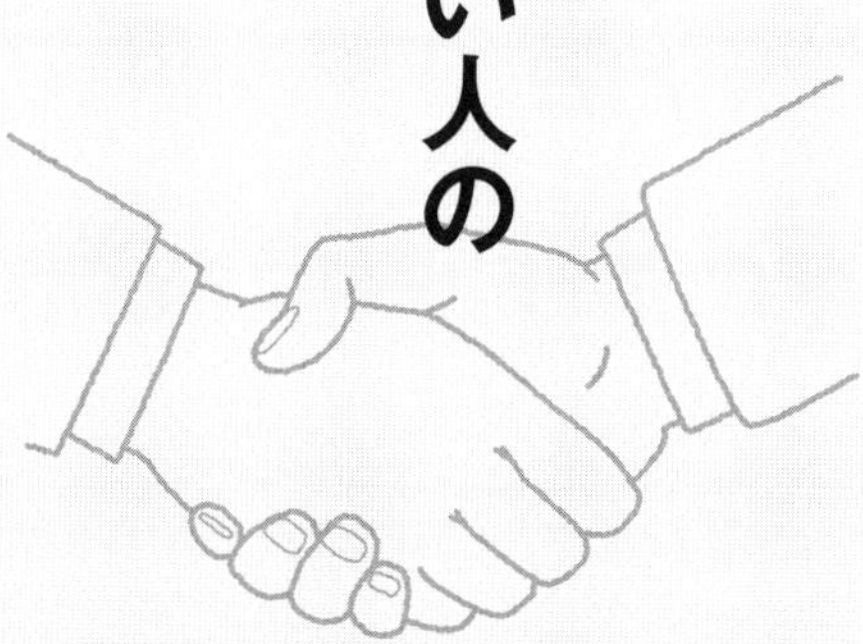

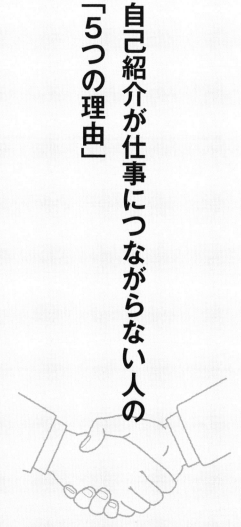

そもそも「自己紹介」のことがよくわかっていない

●自己紹介の方法は誰も教えてくれない

この章では、まず、ほとんどの人がなぜ自己紹介がうまくできないのかについてお話ししていきます。もう少し噛み砕くと、「なぜ、仕事につながらないのか?」「なぜ、紹介につながらないのか?」「なぜ、印象に残らないのか?」という、ビジネスに絞った内容をお伝えさせていただきます。

私は高卒で、大きな企業で働いたことは正直ありません。それでも名刺交換の方法は習うわけです。例えば、名刺の差し出し方、受け取り方、名刺を出す順番、受け取った名刺の置き方などなど……。しかしこれは自己紹介の方法ではなく、マナーです。

確かに名刺交換のマナーは大事かもしれません。しかし、もっとも大事なのは自己紹介なのです。それなのに、自己紹介の方法は誰からも教えてもらえませんでした。

みなさんもそうではないでしょうか？

だからほとんどの人は、会社からもらった名刺を何も考えずに差し出し、「はじめまして。〇〇株式会社の〇〇をしています鈴木と申します。よろしくお願いいたします」といった、通り一遍な自己紹介をしてしまっているのです。

●辞書的な意味での「自己紹介」は仕事につながらない

では、そもそも自己紹介とは何なのでしょうか？

自己紹介とは、辞書で調べると、「初対面の人などに自分の名前・職業・身分などを、自分で知らせること」と書いてあります。もう少しわかりやすくするために例を出すと、私であれば、こんな感じです。

「はじめまして。株式会社ゼロアンリミテッドの鈴木ケンジです。マーケティングコンサルタントをしております。どうぞよろしくお願いいたします」

これが、辞書的な意味での自己紹介と言われるものです。先にお伝えした、よくある自己紹介ですね。本書を読んでいる方の中には、普段、営業や交流会などでこのような自己紹介をしている方も多いかもしれません。

しかし、このような自己紹介を交流会などでしてしまっていたら、仕事にもつながらず、ビジネスマンとしては致命的です。

●「自己PR」は「自己紹介」よりも嫌われる

では続いて、自己PRについてお話していきます。

そもそもPRというのは、Public Relations の略語です。意味を辞書で調べると、「官庁・団体・企業などが、自らの望ましいイメージおよびその施策や事業内容・主義主張などについて多くの人々に知らせて理解や協力を求める組織的活動」「広告。宣伝」となります。

そう考えると、自己PRとは、簡単に言うと自分自身を宣伝するということになりますね。どちらかと言うと、自分のビジネスを売り込む形になります。交流会ではこの自己PRをする方もとても多いですよね。

名刺交換をすると、「私は○○という仕事をして、こんな特徴があり、こんなメリットがあって、お客様もこんなに成果が出ているんです……」と、とにかくマシンガントークで自分のＰＲをしまくる。

もしあなたが、そんな名刺交換をしていたら、それもかなり致命的です。先にお伝えした辞書的な意味での自己紹介だけをしてしまっている方よりも確実に嫌われてしまいます。

●交流会で売れる人は自己紹介がうまい

営業などに行った時、ほとんどの人は辞書的な意味での自己紹介だけをしてしまっているのではないでしょうか？　また、交流会に行くと、辞書的な意味での自己紹介＋自己ＰＲになっている人がほとんどだと思います。

正直、私はずっと交流会が大嫌いでした。初めて参加した交流会で、まさにこのような自分の商品を、なんとしてでも売り込もうという方があまりにも多く、辟易してしまったからです。ただでさえ人見知りというのもあります。だからこそ余計にそのマシンガントークが鬱陶しかったのです。それでも、なんとか売上を上げたいと、気が乗らないまま、無理やり交流会に参加をしていました。

そのように嫌々参加していても、やっぱり気づきというのはあるものです。売れている人にある共通点を見つけることができました。

それは、「商品紹介もうまい」ということ。実は、売れる自己紹介と売れる商品紹介は同じなのです。紹介するのが「自分」なのか、「商品」なのかの違いだけ。そこに気づけた時に、私は一気に変わることができました。

本書ではあなたにその「売れる自己紹介」の極意をお伝えさせていただきます。その極意は商品紹介にも活用することができるので、あなたの売上は確実に上がります。しかも自己紹介を変える、商品紹介を変えるだけなので、コストはゼロ円です。いや……この本を買ってくれているので、ゼロ円ではないですね（笑）。

●辞書的な意味での自己紹介と、仕事につながる自己紹介は違う

ここまで読んでいただくと、「自己紹介なのに商品紹介？」などと少し混乱をするかもしれません。本書でお伝えする自己紹介は、「お仕事につながる自己紹介」です。

そして、そのお仕事につながる自己紹介は、誰もがやってしまう辞書的な意味での自己

紹介、すなわち「プロフィール型自己紹介」ではなく、「共感型自己紹介」と私が呼んでいる自己紹介となります。

この章では、その「共感型自己紹介」のお話をする前に、「なぜ自己紹介がうまくできないのか？」「なぜお仕事につながっていかないのか？」をお話していきます。

相手目線を意識していない

●相手を見ずに言いたいことだけ伝えてもダメ

交流会などで自己紹介をして、興味を持ってもらえない、お仕事につながらない人は、ほとんどが自分の言いたいことだけを伝えてしまっています。

これはビジネス全般に言えることなのですが、ビジネスはすべて相手がいて、成り立つもの。その相手を見ずに、自分の言いたいことだけをマシンガントークで伝えてしまう。それでは、仕事につながるとしても、偶然でしかありません。

偶然を期待しているようであれば、それはビジネスとは呼べません。そうではなく「相手が何を求めているのか？」を明確にする必要があるのです。

●「自分はすごい！」というアピールは自信のなさの裏返し

これは交流会だけではなく、営業でも同じです。実は私自身、営業で同じような間違いをしてしまっていました。

私は旅館専門の集客コンサルタントとして２０１０年に起業をしました。前の会社の社長がお金の亡者で、ことあるごとにぶつかっていたり、給料がもらえない状況が続いたこともあって、このままではダメだと勢いで起業をしたのです。そのため、お客様もゼロ、商品もゼロ、お金もゼロの状態での起業でした。

そうなってくると、とにかく動くしかありません。見よう見まねで無理やり商品を作り、営業の電話をかけまくったり、ファックスＤＭを手差しで1日１００件送ったり、なけなしのお金でホームページを作ったり、とにかく動きまくりました。

するとポツポツと話を聞きたいとおっしゃっていただけるようにはなったので、営業資料を作り、お客様の元に伺います。

相手は旅館の社長様なので、多くは60代、70代と、私の倍以上の歳の方。さらには何十年も旅館を経営されています。私はと言えば、３年ほど旅館で働いて、宿泊施設のコンサルタントをサラリーマンとして1年経験をしただけです。経験も歳もまったく違うので、「契約を勝ち取るには、少しでもできる風を装わなければ」「商品の良さをわかってもらわなければ」「若造だからと舐められてはいけない」と必死にいろいろ考え、準備し不安を押し殺そうとしていました。また、働いていた旅館は、日本一予約が取れない旅館として有名だった旅館なので、そこで集客からサービス教育、採用などすべてをやっていた私なら大丈夫、引く手数多だと無理やり自分を奮い立たせて、自信を持っている自分を見せていました。

まぁ、強がりという鎧を着ていたわけです。

●相手が求めているのはそれではない

そして、お客様の元に馳せ参じ、お客様に資料を見せながら、得意げに通り一遍な自己紹介と、私はこんなにすごいんだというアピールをしてから商品説明をします。一生懸命に伝えようと必死に話すのです。私のサービスはここが良くて、他とはここが違います。他にもこんなことやこんなことまでできてしまいます……と。

しかし一向に契約につながりません。何件も営業に行くのですが、1件も決まらないのです。その時にあるお客様に言われた一言があります。それは、「私が求めているのはそれではない！」ということです。

そうなのです。私は自分が言いたいこと、伝えなきゃいけないと思い込んでいたことを、ただマシンガントークで捲し立てていただけでした。お客様の目線に立てずに、自分の弱さを隠すかのように、自分目線で自己紹介や商品紹介をしてしまっていました。だからこそ、あなたには私と同じ間違いを繰り返さないでほしいのです。

●名前や会社名や職業よりも、相手が聞きたいこと

商品紹介ももちろんなのですが、自己紹介もこの「相手目線」というのがとても大事になります。お客様は、あなたに何を求めているのか？ そこを考えていくことが重要なのです。

例えば、先に例に出した「はじめまして。株式会社ゼロアンリミテッドの鈴木ケンジです。マーケティングコンサルタントをしております。どうぞよろしくお願いいたします」

という自己紹介。これは相手目線でしょうか？

違いますよね。あなたの名前と会社名、職業を伝えているだけです。誰もが同じようにやっている自己紹介なだけです。極論を言ってしまえば、お客様にとってみれば、あなたの名前も会社名も職業も、どうでも良いのです。

「あなたが、私に何をしてくれるのか？」

「どんな未来を提供してくれるのか？」

そこにしか興味はないのです。これは、営業でも交流会でもまったく同じです。

お仕事につながる自己紹介には、あなたの名前や会社名、職業よりも、「あなたがお客様にどんなことができるのか？」「あなたがお客様にどんな未来を提供することができるのか？」こそが重要なのです。

伝える情報が多すぎる

情報を一気に伝えてもほとんど忘れられてしまう

これもよくある間違いの1つです。マシンガントークになってしまう方は、何でもかんでもその時に伝えようとしすぎてしまっています。果たしてそんなに情報を一気に伝えて、お客様はすべてを理解することができるでしょうか？

エビングハウスの忘却曲線というものがありますが、人は20分で半分近くのことを忘れてしまいます。多くの情報を与えすぎても、次の日にはほとんど忘れてしまうのです。

であれば、何をすべきか？ たった1つのことで良いので印象に残すことをすべきです。

特にマシンガントークの方は、相手の反応も見ずに、とにかく伝えよう、伝えようとしがちです。気持ちはわかりますが、それでは印象にも残らず、どちらかと言うと悪い印象を残してしまうでしょう。

実際に、序章でお話した講座受講生である田山さんは、たった25秒の自己紹介だけで、お仕事が取れました。わずか25秒です。どれぐらいの情報量があるでしょうか？　しっかりと相手に伝わる、印象に残る自己紹介であれば、25秒でお仕事が取れてしまうのです。

●自己紹介は1分間250文字の勝負

ちなみに、ここまで本書を読んでいただき、どれぐらい覚えているでしょうか？　すべてを覚えているという人はいないと思います。書いている私からすると悲しいですけどね（笑）。私の感情を抜きにすれば、印象に残った部分だけしか記憶に残っていないはずです。しかも、あなたは少しでも取り入れようと、一生懸命読んでくださっているはずです。それなのに、覚えているのはごくわずか。本は後からでも何度でも読み返せるので、それでも良いのです。

一方、自己紹介の場合は、一度だけ。その一度を失敗してしまったら、次の機会はありません。自己紹介をすることもないでしょう。その貴重な機会を無駄にしてはいけません。

交流会で言えば、自己紹介は1分ということがほとんどです。その1分間というのは、アナウンサーなどのプロの方で350文字、私達なら250文字から300文字程度しか伝えられないのです。

●250文字で伝えられる情報はごくわずか

「はじめまして。株式会社ゼロアンリミテッドの鈴木ケンジと申します。静岡県熱海市出身で、現在は東京在住です。仕事はマーケティングコンサルタントをしており、ひとり起業家の方向けにSNSや、動画、電子書籍などを活用し、共感するお客様だけを集める『人柄マーケティング』というオリジナルメソッドの講座を開催していたり、キンドル出版プロデューサー養成講座という講座を開催しています。また、素晴らしいコンテンツをお持ちの方を世の中に広げるためのプロデュースもさせていただいております。どうぞよろしくお願いいたします」

この「はじめまして」から「よろしくお願いいたします」までで、ちょうど250文字です。いかがでしょうか？　思った以上に伝えられないですよね？

しかも、喋り慣れていないと途中で噛んでしまったり、「えー」などの無意味な言葉を挟んでしまいがちです。すると余計に、1分で伝えきれずに終わってしまいます。

●「えーっと」はなぜ出るの？

ちなみに、この「えー」や「えーっと」などの無意味な言葉を「フィラー（Filler）」と言います。

このフィラーの厄介なのが、自分で気づいていないということ。周りの人もあまり指摘しないので、気づかないまま、癖になってしまったという方もいらっしゃいます。

ではなぜ、このフィラーが出てしまうのでしょうか？「考えがまとまっていない」「緊張している」「自信がない」「癖になっている」「口下手」などなど、いろいろな理由がありますが、大きく分けると2つ。「マインド」と「思考」によるものです。

マインドは「緊張」「不安」「自信がない」「かっこつけようとしている」「もともと口下手」「人見知り」など。

思考は「話す内容がまとまっていない」「話す順番がわからない」「言うべきことと言わなくていいことがわかっていない」など。

この２つが安定していれば、「えー」などのフィラーは出なくなっていきます。しかし、どちらかがマイナスに働いていたり、どちらもマイナスに働いていると、それが声に出てしまいます。

では、どうすれば、その２つを安定させることができるのか？ その答えは、次項でご説明します。

練習が足りない

●自己紹介について本気で考えている人は少ない

あなたは今まで、どこまで本気で自己紹介を考えたことがあるでしょうか？　序章でも書きましたが、自己紹介＝第一印象です。その第一印象が決まる自己紹介を本気で考えていないのは、ビジネスマンとしてはとても怖いことではないでしょうか？

世の中には、コミュニケーションの本やセミナーなどが溢れています。それだけコミュニケーションが大事だと、みんなわかっているということですよね。

また、話し方教室やマナー教室なども多く存在しています。しかし、果たしてマナーが良かったり、話し方がきれいなだけで、お仕事につながるでしょうか？　何人もいる中で、相手の印象に残るでしょうか？　お仕事につながる、印象に残る自己紹介と、マナーが良いこと、話し方がきれいなことはイコールではありません。

ただ、自己紹介についてしっかりと教えてくれる教室やセミナーなどは、ほとんどないに等しいのです。新入社員の研修でも名刺交換のマナーや仕方のみ。それでは、自己紹介が大事と気づいた人しか、売れないのは当たり前ですよね。

私は、過去6年間ほどいろいろなマーケティング講座を開催してきています。そのすべての講座で実際に、自己紹介を重要事項として教えてきています。だからこそ序章でお話した、竹之内さんや田山さん、中井さん、間宮さんなどはしっかりと売上につながるようになったのです。

● 苦手意識を持つ人ほど練習をしていない

そして、もう1つの問題があります。あなたは、自己紹介の練習をしていますか？　たぶんほとんどの方がしたことがないのではないかと思います。

しかし、自己紹介をお仕事につなげていく、印象に残していくためには練習は必須です。なぜなら前項の最後でお伝えした「マインド」と「思考」の2つを安定させるためには、練習することが実はもっとも近道だからです。

それなのに、苦手意識を持っている人ほど準備をしていません。苦手、不得手でも避けて通れないのが自己紹介。ならば、準備して当たり前にできるようにしておくのが普通の考え方ではないでしょうか。その結果、効果的にお仕事につながるようになっていくのですから。

●ビジネスのプロなら自己紹介を100回練習しよう

例えば、プロ野球選手は、小さい頃から練習して練習して、やっとの思いでドラフト会議で指名されプロになります。そこからも常に練習練習で、少しでも成長しよう、試合に出られるように頑張ろうと日々努力をしています。

私達起業家も、同じです。自分で「起業しました」と宣言した時点でプロなのですから。それなのに練習をせず、何も考えずにやっていたらプロではないですよね？　もし苦手なのであれば、さらに練習をしなければプロ失格ですし、お客様にも興味を持ってもらうことは難しいのではないでしょうか？

最低でも100回は練習しましょう！　そのことで、自信を持つこともでき、話す内容や話す順番なども整理され、フィラーが出ずにスラスラと相手の印象に残す自己紹介ができるようになります。

自分のことがよくわかっていない

自分を知ることから始めよう！

さて、この章も最後となりました。最後にもっとも重要なお話をします。

自己紹介がうまくいかない人、お仕事につながらない人は、自分自身のことを理解していないことがほとんどです。

これは、実は商品にも言えることなのですが、理解をしていないまま紹介しているから、売ることができないのです。自分のことを理解していないまま紹介しているから、お仕事につながらないのです。

自己紹介を作る前に、まずは自分を知ることから始めましょう！

なぜ自分を知る必要があるのか？

起業家は自分自身が商品です。あなた自身に興味を持ってもらうことが、成功へのいちばんの近道なのです。

とは言っても、奇をてらったことを言ってくださいというわけではありません。奇をてらったことで興味を引いても、意味はありませんからね。あくまでも、お仕事につなげていくために、興味を持っていただくことが大事です。

もちろん、お仕事内容にも興味を持っていただくことは重要です。しかし、それだけではなく、あなた自身にも興味を持っていただくことで、お仕事につながる確率が何倍にもなっていきます。

ピンとこないようであれば、逆の立場で考えてみましょう。あなたは、自分のことや商品のことを理解できていない人から、買いたいと思いますか？　思いませんよね。だからこそ、まずはあなたがあなた自身を知ることから始めてほしいと思います。

あなた自身ということをもう少し具体的に言うと、あなたの「強み」「特徴」「趣味」「好きなこと」「得意なこと」「仕事を始めた理由」「あなたが提供できる価値」などです。詳しくはこの章の最後にワークシートを載せておきますので、そちらを参照してください。

そして、ここが明確になることで、「あなたが何者なのか？」ということが伝えられるようになります。

●あなたにお願いしたい！

序章で、あなたにお届けするものは「共感型自己紹介」だというお話をさせていただきました。その共感を得るために必要なのが、まさに「あなたが何者なのか？」ということなのです。詳しくは第2章、第3章でお話しますが、「共感を得ていく＝あなたにお願いしたい」になっていきます。

そのために必要な要素の1つが、「ストーリー」。あなたの「共感型人柄ストーリー」を作り上げ、自己紹介に盛り込むことで、「あなたにお願いしたい！」「あなただからお願いをしたい！」と思っていただけるようになっていきます。

ただ、共感型人柄ストーリーは、紆余曲折あれば良いものでもありません。また、辛ければ辛いほど良いわけではありません。それですと、また自分目線になってしまいますからね。

あくまでも相手目線でストーリーを綴ることで、共感を呼び、さらにはあなた自身の人柄に惹かれ、「あなたにお願いしたい！」「あなただからお願いをしたい！」とあなたを選んでいただけるようになっていきます。

その「共感型人柄ストーリー」の作り方は第2章、第3章で詳しくお話していきますので、その前に、あなた自身を知るためのワークをご紹介させていただき、この章を締めくくらせていただきます。

章末ワーク

自分の魅力を言葉にする「棚卸し9×9曼陀羅ワークシート」

●ワークシートを記入する5ステップ

この「棚卸し9×9曼陀羅ワークシート」は、あなた自身のことを簡単に見直すことができるものです。

自分を知るということは、言語化するということ。そのためのワークシートと考えてください。これを書き出すことで、あなたは何者かが明確になっていきます。また、これを作っておくことで、自己紹介がスムーズに作りやすくなり、共感型人柄ストーリーが作りやすくなっていきます。

このワークシートは、次の5ステップで記入していきます。

①「自分の名前」というところに、自分の名前を書く。
②「得意なこと」「好きなこと」「夢・目標」「辛かったこと」「仕事の経験・資格」「楽しかったこと」「商品・ノウハウ」「仕事以外で経験してきたこと」の各項目の周りにある８マスをできるだけすべて埋める。
③共通項を見つけ出し、丸をつけていき、書き出す。
④そこから思いつくことをジャッジせずに５Ｗ１Ｈを意識して書き出す。
⑤書き出した中から、自身がいちばん感情が動くことを書き出す。

棚卸し9×9曼陀羅ワークシート

	得意なこと			好きなこと			夢・目標	
			得意なこと	好きなこと	夢・目標			
	辛かったこと		辛かったこと	自分の名前	仕事の経験・資格		仕事の経験・資格	
			楽しかったこと	商品・ノウハウ	仕事以外で経験してきたこと			
	楽しかったこと			商品・ノウハウ			仕事以外で経験してきたこと	

注意点

※辛かったことや楽しかったこと、夢・目標は仕事・プライベートに関係なくとにかく書き出す。

※仕事以外で経験してきたことは、部活やボランティアでもＯＫ。そこで感じたこと、その時の感情も記入する。

●私の場合の記入例

ちょっと待ってください。ワークをやらずに読み進めようとしていませんか？　自己紹介では自分自身を言語化することが本当に重要ですので、必ずこのワークをやってくださいね。

ワークをやりやすいように、実際の例をお見せします。こちらが私自身の曼陀羅シートです。このように、同じようなこと、近いことを言っていることに丸をつけます。この例では、次のように学校関連、教える関連の共通項が多いことに気づきますね。

・国内で子供達のためのビジネスを教える学校を作る
・海外の子供達のための学校を作る
・セミナー講師
・人を応援すること
・学校の先生に見放されたこと
・マーケティングコンサルタント

・部活での孤独本当に苦しかった
・中学生でのボランティア。人間はどんな人でもみんな同じだ
・先生に見放された時、金八先生のような先生がいたらと感じ、自分がなりたいと思った

共通項に気づいたら、それらについて思いつく限りジャッジせずに書き出します。ジャッジしないというのは、「正しい・間違っている」を気にせずに、ということです。頭の中を出す作業ですので、難しく考えずに、とにかく書き出してみてください。

一例を挙げると、次のような感じです。

・国内で子供達のためのビジネスを教える学校を作る
2022年までに作る。オンラインの学校にする。学校の勉強も大事だが、社会に出てからは、人間力やビジネスの勉強が大事。コロナ禍でオンライン授業が当たり前になりつつあるからこそ今やる。マネーリテラシーが日本人は低いからお金の勉強も重要。この学校を作ることで、国力（武器ではなく経済の面での力）が強くなることにつながる。子供達の未来のために必要。

棚卸し9×9曼陀羅ワークシートの記入例

器用貧乏	一を聞いて十を知る	料理	読書	セミナー講師	仲間との飲み会	海外の子供達のための学校を作る	国内で子供達のためのビジネスを教える学校を作る	Kindle出版プロデューサーを1000人育てる
おもてなしサービス	得意なこと	新しい職業を作ること	旅行	好きなこと	ドライブ	紙の本の出版	夢・目標	年商10億円
人を応援すること	文章を書くこと	新しいことに取り組むこと	新しいことの探求	新しいことの勉強	音楽	自社の出版社から1000人の著者を生む	飲食店の経営	海外に会社を持ち、1/3は海外に行く
学校の先生に見放されたこと	友達だと思っていた人からのいじめ	洋服屋の時いくら頑張っても成果が出なかったこと	得意なこと	好きなこと	夢・目標	旅館支配人	レストランマネージャー	洋服屋店員
友人からの裏切り	辛かったこと	洋服屋で血尿血便気絶が当たり前だったこと	辛かったこと	鈴木ケンジ	仕事の経験・資格	遊園地のお兄さん	仕事の経験・資格	旅館専門コンサルタント
上司からの裏切り	給料がもらえずキャッシングだけで生きながらえていた	旅館時代1日20時間働いていたこと	楽しかったこと	商品・ノウハウ	仕事以外で経験してきたこと	車のエンジンの工場	マーケティングコンサルタント	Kindle出版プロデューサー
初海外旅行	初めて講座を開催したこと	高校時代、放課後3on3をやっていたこと	Kindleしくみ集客	人柄マーケティング	Youtubeマーケティング	部活での孤独本当に苦しかった	中学生でのボランティア。人間はどんな人でもみんな同じだ	ニートしながらも家にただいるのが耐えられなくお金を生み出すことをしていた
初めて行った音楽野外イベント	楽しかったこと	会社の社員たちといった社員旅行	交流会マーケティング	商品・ノウハウ	SNSマーケティング	仕事に悩んでいた時、友人からの音楽のプレゼント 泣けた・友人って大切	仕事以外で経験してきたこと	部活で正しい練習をしていれば必ず見ていてくれること
家で誰にも邪魔されず本を読みふけること	旅館の時、仲間が育っていくのを見ていること	新しいことを始めること	自己紹介から仕事を取る方法	オンラインセールスの仕組み	リストマーケティング	自分ではちょっとしたことでも、人にとっては大きなこと	先生に見放された時、金八先生のような先生がいたらと感じ、自分がなりたいと思った	311の震災で人とのつながり、仲間や大切な人の大事さなど価値観がガラッと変わった

このように書いていき、最終的に1つの文章にまとめることで、あなた自身を知っていただき、共感してもらえるストーリーができあがります。ぜひ、時間を作ってやってみてくださいね。

第2章

必ず興味を持ってもらえる「最強の自己紹介」の作り方

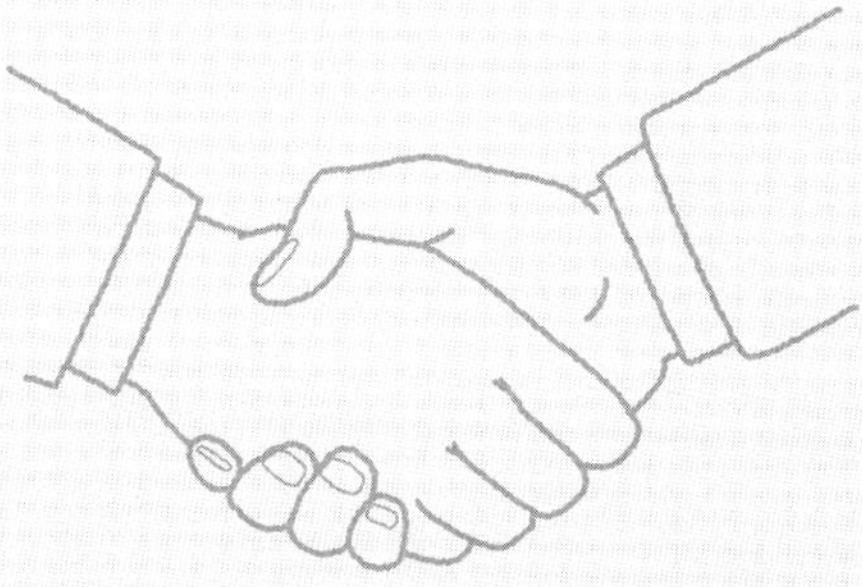

失敗しない！「自己紹介」3つのポイント

●多くの方が気づいていないコツがある

自己紹介を失敗しないためには3つのポイントがあります。そのポイントを押さえるだけでも、お仕事に格段につながるようになります。では、その3つのポイントとは何か？

①自己紹介の「目的」を明確にする
②共感してもらえる「人柄ストーリー」を作る
③「黄金テンプレート」に当てはめる

こちらは、わかっている人には当たり前のことではあるのですが、多くの方が気づいていないのです。だからこそ、わかっている方はお仕事につながるし、わかっていないとお仕事につながらないというシンプルな構図ができあがってしまうわけですね。

では、実際にそれぞれのポイントについて解説していきます。

自己紹介の「目的」を明確にしよう

●自己紹介は自分を紹介するためのものではない

まず最初のポイントとして、自己紹介をする「目的」を明確にしましょう。意外とここを意識していない方がほとんどです。

だからこそ多くの方は自己紹介を、ただ自分を紹介するためのものとしてしか捉えておらず、毎回同じ自己紹介をしてしまっているのです。それだけでは、せっかく自分に与えられた時間がもったいないものになってしまいます。

交流会であればアポイントメントを取れること、セミナーであれば商品を購入していただくこと、営業であれば購入の決断をしてもらうこと、もしくは決済者につなげていただくこと、話を持っていってもらうことが、自己紹介の最終目的なはずです。

●究極の目的は「あなたの仕事に興味を持ってもらうこと」

その最たるものは、自己紹介をした相手に「興味・関心を持ってもらう」ということですよね。

極論を言ってしまえば、交流会やセミナーで自己紹介をする時点では、名前を覚えてもらう必要はありません。名前を覚えてもらうより、あなたの仕事に興味を持ってもらうことの方が重要なのです。

もちろん、私みたいに「鈴木ケンジ」というどこにでもいる、日本でいちばん同姓同名が多いのではないかと感じるぐらいベタベタな名前であれば、その名前を最初のアイスブレイク的に使うことはできます。しかし、基本的にはお客様はあなたの名前に興味を持つのではありません。

・この人は自分にとってどんな役に立つのか？
・話を聞くのにどんなメリットがあるのか？

そこが明確にわかった上で、興味を持ち、「そういえば名前なんだっけ？」となってから名前がわかれば良いのです。

だからあなたが自己紹介で話す内容も、次のことを伝えるのが重要です。

・お客様にとってどんな役に立つことができるのか？
・お客様にどんなメリットがあるのか？

そのために、思考の整理、自分のできることの整理をしていく必要があります。

そのための1つが第1章で紹介したワークです。面倒と思うかもしれませんが、人生が変わると考えたら、とても楽なことですよね？

では、続いて情報を書き出していきましょう！

●お客様が知りたい情報は、この5つ

先ほど、「お客様にとってどんな役に立つことができるのか？」「お客様にどんなメリッ

トがあるのか？」を自己紹介に入れましょう、とお伝えしました。では、それを実際に書き出していきましょう！

その際に気をつけることは、まずはジャッジをしないということ。「正しいか、間違っているか」を考えながら書き出していくと、使う脳が違うため、時間がかかります。しかも間違っていることが多いと、やる気もなくします。時間を有効活用するためにも、まずはジャッジせず、とにかく書き出していくことがコツです。

とは言っても何を書き出せば良いかわからないと思います。そこで次の５つの項目を書き出していきましょう。

①あなたにとっての理想のお客様は？
②あなたの商品の特徴は？
③あなたの商品のメリットは？
④あなたの商品のベネフィットは？
⑤あなたのお仕事は？

これだけだとわかりづらいと思いますので、一つ一つ説明していきますね。

「あなたにとっての理想のお客様」を書き出そう

まず、「あなたにとっての理想のお客様」が明確になっていることがとても重要です。マーケティング用語ではペルソナと言われることも多いですが、ひとりのお客様に絞ることが重要になります。

これは自己紹介だけではなく、マーケティングをしていく上でも必要なことです。

例えば、あなたが女性向けのエステティシャンをやっていたとします。ただ、女性と言っても10代から60代までの女性を考えると、それぞれ悩みは違いますよね？　10代であれば、ニキビが悩みかもしれませんし、50代であれば、頬のたるみかもしれません。つまり、お客様にとってあなたが役に立てることが変わってくるということです。だからこそ、理想のお客様ひとりに絞ってあげることで、あなたがどんな役に立てるのかがわかりやすくなりますし、伝わるようにもなります。

こう書くと、それ以外の方にはお客様になってもらえないのではないか、と不安になってしまう方もいると思います。

大丈夫です！

例えば40歳女性に絞ったとしても、30代の女性も50代の女性もお客様になります。実際に年齢化粧品の有名な商品がありますが、40代に絞っていたとしても30代の女性でも気になっている方は購入をしていますよね？　40歳になってからじゃないと負けだ……と思っていたとしても。

さらに、ひとりのお客様に絞ることで、メッセージが尖るので、より理想のお客様や、その周辺の方にとっては響くようになるのです。

では、理想のお客様はどこまで考える必要があるかと言うと、最低でも次のことぐらいは考えてみましょう。

・キャラクター設定（氏名・年齢・性別・血液型・星座・身長・体重・居住地・出身地・家族構成・最終学歴・職業・役職・使えるお金　等）

・趣味・嗜好（普段のファッション・趣味・好きな食べ物・よく行く場所・好きな雑誌・好きなテレビ番組・好きなタレント・週末の過ごし方　等）

・悩み・夢（今すぐ解決したい悩み・時間をかけてでも解決したい悩み・もっとも解決したい悩み・1年以内の夢・長年かけてでも達成したい夢・仕事の目標　など）

もう既にお客様がいるなら、そのお客様を理想のお客様にしても良いです。

また、まだお客様がいない場合は、仮に想定した理想のお客様を考えてリサーチをしてみましょう。リサーチ方法としては、次の方法があります。

・Amazonでお客様が読みそうな本のレビューを読む
・想定顧客が読みそうな雑誌を読む
・想定顧客が好きそうなドラマを見る
・他社の申し込みページなどから悩みや期待を調査する
・インタビューをする
・他のコミュニティーやセミナーに参加して調査する
・SNSなどを活用してアンケートを取る
・Yahoo! 知恵袋などを調べる

●「あなたの商品の特徴」を書き出そう

続いて、商品の特徴を書き出してみましょう。

特徴を辞書で調べると、「他と比べて特に目立ったり、他との区別に役立ったりする点」と出てきます。あなたのライバルの商品と比べて、ここがすごいということを、どんどん書き出してみてください。

例えばMacBook Airであれば、次のような感じですね。

・薄い・軽い・Retinaディスプレイ・新しいMagic Keyboard・Touch ID・2倍のストレージスペース

あなたの商品の特徴は何でしょうか？

●「あなたの商品のメリット」を書き出そう

では続いて、商品のメリットを書き出していきましょう。

メリットの簡単な出し方をお伝えします。その方法は、先ほど挙げた特徴に「だから?」と付け加えるだけ。そこから出てきたものがメリットになります。

例えば、次のような形です。

・軽い→だから?→持ち運びが楽

同様に、書き出したそれぞれの特徴に試してみてください。

●「あなたの商品のベネフィット」を書き出そう

そしてベネフィットを書き出していきましょう。

ベネフィットをメリットと混同してしまっている方も多いですが、ベネフィットの意味を辞書で調べると「利益。恩恵」となっています。もう少し簡単にわかりやすく言うと、「商品の購入によって顧客が受ける恩恵」のこと。お客様にとっての未来のことになります。

お客様は商品がほしくて買うわけではなくて、その商品を購入したことによって手に入れることができる未来に対してお金を払ってくれています。

この本で言えば、あなたは、この本がほしかったのではなく、本を読むことで売れる自己紹介を手に入れられる、売上を上げることができるという未来を期待して買ってくださっていますよね？　それがベネフィットと言われるものです。

では、ベネフィットの出し方ですが、先ほど挙げたメリットに「つまり？」をつけることで導き出すことができます。例を出すと、次のようなものです。

・持ち運びが楽↓つまり？↓パソコンを持ち歩く辛さから開放される

ぜひ試してみてください。

●「あなたのお仕事」を書き出そう

そして「あなたのお仕事は?」という項目です。

第1章でもお伝えしましたが、「はじめまして。株式会社ゼロアンリミテッドの鈴木ケンジです。マーケティングコンサルタントをしております。どうぞよろしくお願いいたします」という自己紹介。これは、あなたの名前と会社名、職業を伝えているだけです。それでは、意味がないというお話を第1章でしましたね。意味のない会社名や職業を伝えるのではなく、あなたの仕事を伝える必要があるのです。

そして、仕事とは「あなたがお客様に何を約束するか?」ということ。

例えば、あなたがマーケティングコンサルタントであれば、あなたはマーケティングコンサルタントとして、お客様にどんな約束をするか?「わずか90日で売上を2倍にすること」なのか、それとも「わずか1ヶ月で自動化の仕組みを作り上げ、毎月30万円を自動的に売り上げること」なのか。お客様にあなたが約束することを、まずは箇条書きでも殴り書きでも良いので、どんどん書き出してみてください。

考える時に、まず価格・時間・クオリティ・サービス・場所・サポート・保障などから考えると、導き出しやすいです。また、今まで挙げてきた特徴、メリット、ベネフィットも参考にして考えてみてください。

また、よりお客様に響くために、「短期間・簡単・楽・安い・無料・再現性・確実性・稼ぐ・承認・名声・モテたい・美・自由・性・苦痛からの解放・希少性・興味性・新しさ・ギャップ」などを入れてみてください。

先ほど挙げた「わずか90日で売上を2倍にする」「わずか1ヶ月で自動化の仕組みを作り上げ、毎月30万円を自動的に売り上げる」というのを例にすると、「90日」や「1ヶ月」で「短期間」を、「売上を2倍」や「毎月30万円を自動的に売り上げる」で「稼ぐ」を見せています。

そしてその上で、次の空欄を埋めてみてください。

「私は、○○の方に△△の□□をすることを約束します」

○○は、理想のお客様を一言で表したもの。△△は、悩みもしくはベネフィットを一言で表したもの。□□は、お客様への約束を表したものになります。

実際にテンプレートに入れてみると、例えば次のようになります。

「私は、集客に悩むひとり起業家の方に、毎月30万円を安定的に売り上げる自動化の仕組みを、わずか1ヶ月で作り上げることを約束します」

これは、「なぜあなたから買うべきなのか？」「なぜあなたの話を聞くべきなのか？」という部分を伝えるところになります。また併せて、自己紹介を作っていく上でも重要になりますので、必ず作ってみてくださいね。

●仕事に対する自分の想いも明確にしておこう

自己紹介の目的を明確にするポイントも最後になりました。ここまでは相手のことを考えていましたが、最後はあなた自身のことを考えていきましょう。

ここで明確にしてほしいのは、「自分の想い」です。それを明確にするために、下記の5つの質問に答えてください。

・あなたは、なぜこの仕事をしているのか？
・あなたは、なぜこの商品を売っているのか？
・あなたは、なぜこの人を助けたいのか？

・あなたは、どんな価値観を持って仕事をしているのか？
・あなたは、どんな夢、目標を持って仕事をしているのか？

いかがでしたでしょうか？

もちろん、お金のために仕事をしているという方もいるでしょう。それは決して悪いことではありません。しかし、「この仕事が好きだから」「この仕事で笑顔になってくれる人がいるから」「この仕事は自分にしかできないから」「この仕事は自分の強みを活かせるから」などの理由があれば、より充実した仕事をしていくことができますし、さらにはそれがお客様にも伝わっていきます。

また、それが深くなればなるほど、やりがいへと変わり、あなたの生きがいへとつながり、そして充実した人生を送っていけることでしょう。ぜひ深く深く考えてみていただければと思います。

共感してもらえる「人柄ストーリー」を作ろう

●ストーリーには、より多くの人の心を動かし、巻き込む力がある

それでは、ポイント2つ目になります。今回、本書でお届けしている自己紹介は、「共感型自己紹介」だというお話を何度もしています。

その共感を生み出すための重要なパーツ。それがこの人柄ストーリーになります。ストーリーには、より多くの人の心を動かし、巻き込む力があるからこそ、共感を生み、そしてあなたが選ばれる理由になっていくのです。

その中で今回お伝えする「人柄ストーリー」は、ストーリーの力を使うことで、あなたの人柄やキャラクターに共感をしてもらい、ファンになっていただくためのものです。さらに、あなたの体験を聞いている人が自身の体験と重ね合わせ、自分でもできると思い、心を動かしてもらうことで行動していただくことを目的にしています。

●科学的にも証明されているストーリーの力

実際に、ストーリーの力は科学的にも証明されています。例えば、人が数字のデータを見た時、活動する脳の領域は2つ。しかし、「ストーリー」を見聞きしている時には、味覚、嗅覚、触覚、身体の動きをつかさどる神経系など、7つもの領域が活動しているのです。

例えば、サスペンス映画を見ると主人公でもないのにドキドキしますよね？ 私は熱海出身なのですが、隣の伊東市には、サスペンスドラマのロケ地として有名な城ヶ崎海岸がありますす。小さい頃は城ヶ崎海岸に行くと、サスペンスドラマを思い出してドキドキしたものです。

他にも映画やドラマなどの感動的なシーンを見ると涙を流しますよね？ つまり「ストーリー」は、感情に訴える力があるのです。

また、小さい頃から、絵本、紙芝居、国語の教科書、テレビドラマ、映画、小説、漫画などなど、人は常にストーリーと触れ合ってきています。それは、ストーリーで心が動くことを、昔から体験してきているということ。だからこそ、それはいつの時代もどんな時代も不変のものなのです。

ちなみに、今回の人柄ストーリーは、自己紹介に活用しますが、他にもセミナー、交流会、ブログ、各種SNS、ユーチューブ動画、キンドル本などなど、多くの場所で活用することができますので、楽しみにしていてくださいね。

●人柄ストーリーを作る9ステップ

ただ、ストーリーと聞くと過去の悲惨な状態を語って、今は明るい未来を手に入れたということを伝える人が多いのですが、そうではありません。

重要なのは「過去の自分がどれだけ悲惨な状態だったか」ではなく、「どれだけ理想のお客様の現状に近いか」ということです。それが、「こんな私にもできたのだから、あなたにもできる」というストーリーになります。

このストーリーをシンプルに言うと、「ビフォー→きっかけ→アフター」となりますが、もう少しわかりやすいように9ステップのテンプレートを用意しました。

①現在の仕事（今どんな仕事をしているか、導入部分）

②過去（ターゲットの現状に近い状態）
③第一のきっかけ（飛躍するために出会った人、ノウハウなど）
④上向きな状態（きっかけにより良い状態になったこと）
⑤悪くなった原因（右肩上がりではなく、一度落ちた状態になった原因）
⑥第二のきっかけ（さらに飛躍していく前に出会った人、ノウハウなど）
⑦現在（過去からどんな未来を手に入れることができたか）
⑧成功によって得たミッション（社会性があるとなお良い）
⑨熱いメッセージ（想いの丈をすべてぶちまける）

以上の９ステップに沿って自身のストーリーを書いてみてください。ちなみにこの９ステップは、セミナーやブログ、ＳＮＳなどでも使いやすいように、最後に熱いメッセージなどを入れていますが、場面によって使い分けていただければと思います。

また、作る時や話す時に、現状から一度山があり、その後に谷がきて、もう一度山を作ること。そして⑥から⑨に向けて映画のクライマックスに向かうようにし、⑨はパッションを目一杯込めることを意識すると、より人の感情を動かすことができます。

●ストーリーを作れない場合は、自分史を書くと気づきがある

もし、いきなりは作れないという場合には、オススメの方法があります。それは、あなた自身の「自分史」を書くということ。

覚えている限りの子供の頃から、いつどんな出来事があったのか、現在まで時系列で書き連ねてみてください。そして、そのそれぞれの出来事について「成功したのか？　失敗したのか？」「得たものは何か？」「感じたことは何か？」「学んだことは何か？」「信じたものは何か？」というのを考えてみましょう。

そうすることで、あなた自身が気づいていなかったつながりや、今やっている仕事のルーツ、自分が思ったよりも頑張ってきたことなどに気づきます。また、あなた自身の想いや価値観が明確になり、最高の人柄ストーリーを作り上げることができるでしょう。

実際に、私は自分史を書いて思い出したことがありました。それは、高校生の頃、学校を何度か停学になっているのですが、停学明けに先生に「お前、学校、辞めてなかったんだ？」と自分のクラスではなく選択授業の時に言われたことです。

その時に、自分の責任ではあるけど、悔しくて悲しくて辛くて、なんで高校に行かなきゃ

いけないんだろう……そう感じて、より学校がつまらなくなってしまいました。そして、もしその時に金八先生みたいな先生がいたら、もっと高校が楽しかったかもなと思い、先生になりたいと思ったことを思い出したのです。

実際には、大学にも進まず、先生にもならなかったのですが、現在は起業家の先生をやって、講座という名の授業をしています。そうなんです。つながっていたんです。

それに気づいた時、自分の進むべき道は間違っていなかったことを確信し、より仕事が楽しくなりました。あなたも、そんな気づきを自分史から得てみてくださいね。

「黄金テンプレート」に当てはめて共感型自己紹介を作ろう

●「共感型自己紹介の黄金テンプレート」の5つのパーツ

お待たせいたしました。やっと自己紹介の黄金テンプレートのご紹介です。ここまで、長かったですね（笑）。

今回のテンプレートは、過去に多くの方が取り組み、しっかりと作り上げた方は仕事につなげることができている実証済みのものです。ぜひ飛ばさずに取り組んでいただきたいと思います。

共感型自己紹介の黄金テンプレートは、次の5つのパーツで構成されます。

①肩書＋名前

②現在＋興味性
③過去＋ストーリー
④未来＋ベネフィット
⑤行動喚起

この5つのパーツにまとめることで、話す時間によって自己紹介の長短を調整できたり、話す場面によって最適な内容に変更できたり、急に振られた時にも対応できるようになります。

では、それぞれのパーツについて、簡潔に説明していきましょう。

●「肩書＋名前」で耳をこちら側に向けてもらおう

まず、自分自身を表す、短くまとめたキャッチコピーを伝えます。最初に興味を持って耳をこちら側に向けてもらうためのフェーズとなります。

もし、肩書などがない場合は、〇〇プロデューサー、〇〇アドバイザー、〇〇応援団、

○○の専門家のどれかで肩書を作ってみてください。

●「現在＋興味性」でより深く興味を持ってもらおう

続いて、キャッチコピーを補完するために、現在誰に向けてどんな仕事をしているかを伝えます。先に、自己紹介の目的を明確にする際に「仕事とは、あなたがお客様に何を約束するかということ」だと説明しましたが、その時に書き出したお約束はここに入ってきます。

さらに「○○で日本一」など興味性を入れることで、より注意深く耳を傾けてもらうフェーズです。

●「過去＋ストーリー」で共感してもらおう

ここまでのフェーズで耳を傾けていただいた上で、なぜその仕事をしているのか、その仕事をやることになったきっかけや、そのサービスを閃いたきっかけなどを簡潔に伝えます。

先に説明した「人柄ストーリー」で作ったストーリーの力を活用し、あなたのキャラや人柄を知ってもらい、共感をしてもらうためのフェーズになります。

●「未来＋ベネフィット」でメリットを感じてもらおう

次に、あなたの理想のお客様がどんな未来を手に入れることができるのかを伝えます。先に自己紹介の目的を明確にする際に書き出したベネフィットやお客様へのお約束を伝えるパーツです。

お客様の実績の数字や期間などを明確に伝えるとより効果的です。そのことで、あなたの話を聞いた方が良いと考えたり、あなたと関わるメリットを感じてもらうフェーズになります。

●「行動喚起」で次に取るべき行動を示してあげよう

そして最後。実はもっとも重要な部分でもあります。なぜなら、出口のない自己紹介はお客様に不親切だから。相手がクライアントになる可能性があるのであれば、次に取るべき行動は必ず示してあげることが重要です。

例えば「名刺交換してください」とか「興味がありましたら声をかけてください」といった感じです。

実は、特に交流会などでは、ここを伝えていない方がとても多いのが現実です。仕事につなげるための接点作りのフェーズなので、必ず伝えるようにしてください。

●私の自己紹介、テンプレートに当てはめてみるとこうなります

では、実際に作ってみましょう。第1章で250文字の文字量を見るために載せていた自己紹介がありました。次の文章です。

はじめまして。株式会社ゼロアンリミテッドの鈴木ケンジと申します。静岡県熱海市出身で、現在は東京在住です。仕事はマーケティングコンサルタントをしており、ひとり起業家の方向けにSNSや、動画、電子書籍などを活用し、共感するお客様だけを集める人柄マーケティングというオリジナルメソッドの講座を開催していたり、キンドル出版プロデューサー養成講座という講座を開催しています。また、素晴らしいコンテンツをお持ちの方を世の中に広げるためのプロデュースもさせていただいております。どうぞよろしくお願いいたします。

この文章を今回のパーツに分けて、実際に交流会で話す共感型自己紹介に作り変えてみましょう。

はじめまして！　人柄マーケティングコンサルタントの、鈴木ケンジです。
ひとり起業家にSNSや動画、電子書籍で想いやストーリーを発信することで、共感するお客様だけが自然と集まり続ける人柄マーケティングを伝えています。
このメソッドを伝えるようになったきっかけは東日本大震災でした。それまではノウハウに価値があると思っていましたが、自信を持ってオススメしても価格で選んでもらえないことが多々ありました。しかし、ノウハウに価値があるのではなく、「誰が言うか?」「誰から買うか?」と、人にこそ価値があることに気づくことができたんです。

それから想いを発信し続け10年。売上は伸び続け、教えた生徒も90日で2000万、年商1000万など成果を出しています。中にはストレスがなくなったおかげで、お肌もきれいになった女性も。

お肌をきれいにしたい方、ストレスなく売上を上げたい方は名刺交換をしてください。

文字数はだいたい390文字と長くなりましたが、いかがでしょうか? だいぶ印象が変わりましたよね?

では、パーツごとに見てみましょう。

① 肩書+名前

はじめまして！　人柄マーケティングコンサルタントの、鈴木ケンジです。

②　現在＋興味性

ひとり起業家にＳＮＳや動画、電子書籍で想いやストーリーを発信することで、共感するお客様だけが自然と集まり続ける人柄マーケティングを伝えています。

③　過去＋ストーリー

このメソッドを伝えるようになったきっかけは東日本大震災でした。それまではノウハウに価値があると思っていましたが、自信を持ってオススメしても価格で選んでもらえないことが多々ありました。しかし、ノウハウに価値があるのではなく、「誰が言うか？」「誰から買うか？」と、人にこそ価値があることに気づくことができたんです。

④　未来＋ベネフィット

それから想いを発信し続け10年。売上は伸び続け、教えた生徒も90日で２０００万、年商1000万など成果を出しています。中にはストレスがなくなったおかげで、お肌もきれいになった女性も。

⑤ **行動喚起**

お肌をきれいにしたい方、ストレスなく売上を上げたい方は名刺交換をしてください。

いかがでしょうか？　こうしてパーツで分けると、よりわかりやすくなりますよね。

また、意識すべきところが2点あります。「お肌もきれいになった女性も」と、ちょっとした笑いというスパイスを入れていることと、「教えた生徒も90日で2000万、年商1000万」と、数字や期間を入れて具体的にしていることです。これを入れるだけで、よりお客様に耳を傾けてもらえるようになりますので、意識して入れてみてくださいね。

共感型自己紹介の時間配分の目安

なお、交流会の自己紹介では、各自の時間が1分間と決められていることが多いです。その1分を先ほどのパーツで分けると、次のような時間配分が基本となります。

①肩書＋名前……5秒
②現在＋興味性……12秒
③過去＋ストーリー……25秒
④未来＋ベネフィット……15秒
⑤行動喚起……3秒

この章の最後に、あなたの自己紹介を作るためのワークをつけていますので、これを参考にぜひ取り組んでみてください。

●余裕がある時はアイスブレイクを入れてみよう

ちなみに、実はこの自己紹介には5つのパーツの前に、ゼロ番目のパーツが存在します。そのパーツとは「アイスブレイク」。これはセミナーや営業でももちろんですが、交流会の自己紹介でもかなり威力を発揮します。

ただし、交流会でのアイスブレイクはその場での咄嗟の判断が必要になりますので、慣れないうちはやらない方が良いでしょう。それはなぜかと言うと、交流会の自己紹介は時間がしっかり決まっていることが多いため、慣れていないと、時間内に自己紹介が終わらないというデメリットが出てくるからです。

では、咄嗟の判断が必要になるアイスブレイクとは何かと言うと、「前の人が話して場が沸いた内容を受けて肩書の代わりに話す」ということ。これだけだとわからないと思うので、実際に私が過去に話したアイスブレイクで覚えている例を2つ出します。

例① 前の人が「私は6パックなんです」と腹筋を見せたので、「○○さんと違って、6パックではなく、わんぱくなワンパックの鈴木ケンジです」とアイスブレイクを入れました。

例②　前の人が珍しい名前の方だったので、「苗字も名前もベタベタで、ＮＨＫのアナウンサーと同姓同名の鈴木ケンジです。最近は名前だけではなく、体型まで似てきてしまいました」とアイスブレイクを入れました。

ただ、例②は参加者の年代が私と同じか上の方ばかりだったので、受けたネタでもありますが。私より若い方ばかりだと、「ＮＨＫのアナウンサー？」とはてなマークが浮かんでしまうので、場には適さないアイスブレイクになってしまいます。

まぁ両方とも太っているネタではありますが（笑）、この２つはその場を一気に掴むことができて、その後に実際に商品が売れたり、紹介が生まれました。もしあなたも余裕がある時は、アイスブレイクを入れてみてくださいね。

自己紹介は「交流会用」「営業用」「セミナー用」の3パターンを用意しよう

自己紹介をする場面は、基本的に3パターン

さて、この章の最後になります。

先に自己紹介の3つのポイントの1つめとして、「目的を明確にする」ということをお伝えしたのを覚えていますか？

起業家として自己紹介をする場面は、基本的に3パターンしかありません。その3パターンとは、交流会・営業・セミナーになります。この3パターンしかないのですが、それぞれ、目的が変わります。

・交流会……興味を持ってもらい名刺交換をし、アポイントメントを取ること。

・営業……信頼を得て契約を取る、もしくは決済者につないでもらうこと。
・セミナー……講義を聞いてもらうこと、もしくは商品を買ってもらうこと。

ということは、自己紹介もその目的に向けて変えていく必要があるということです。

では、それぞれを考えていきましょう。

●交流会での自己紹介は、興味を惹きつけることに重点をおく

では、交流会での自己紹介で、意識すべきことはどこでしょうか？

まず場面を考えてみましょう。30人ほどが集まる交流会。参加者全員に、1分の自己紹介の時間が与えられています。

その短時間であなたはどうすれば興味を持っていただけるでしょうか？　どうすれば名刺交換をしていただけるでしょうか？　そう、興味を惹きつけることがもっとも重要なのです。

交流会では、知らない人の中で自己紹介をします。そうなると、ステップとして、「自

己紹介を聞く」→「興味を持つ」→「名刺交換」→「トーク」→「アポイントメント」という流れになります。その最初の段階である「興味を持つ」のハードルを越えない限り、その先に進むことはできないということです。

「共感型自己紹介の黄金テンプレート」の5つのパーツで言えば、「②現在＋興味性」「④未来＋ベネフィット」で興味を強く惹きつけること、そして「⑤行動喚起」を必ず入れて行動を示すことが重要になります。

その②④で、より強く興味を惹きつけるためには、「短期間・簡単・楽・安い・無料・再現性・確実性・稼ぐ・承認・名声・モテたい・美・自由・性・苦痛からの解放・希少性・興味性・新しさ・ギャップ」を入れていくことと、数字や期間などを伝え、具体的にしてわかりやすくすることが大切です。

実際に、先ほど例に出した自己紹介を交流会でより興味を引くように直してみます。

> はじめまして！　メディアで想いやストーリーを発信するだけで、共感するお客様が自然と集まりストレスなく売上が上がり続ける人柄マーケティングの伝道師、鈴木ケンジです。

東日本大震災をきっかけに、ノウハウに価値があるのではなく、「誰が言うか？」「誰から買うか？」と、人にこそ価値があることに気づくことができ、その中で、「あなたから買いたい！」と言われるために考え続け作り上げたオリジナルメソッドです。

人柄マーケティングを活用した方は「たった90日で２０００万以上の売上」「紹介だけで年商１０００万」「年収70万だった人が月収70万に」「売上を６ヶ月で５２１％アップ」などなど、成果を出し続けています。中にはストレスがなくなったおかげで、お肌もきれいになった女性も。

お肌をきれいにしたい方、ストレスなく売上を上げたい方は、あちらの席に座っていますので、ぜひ名刺交換をしてくださいね。

いかがでしょうか？　言っていることは変わらないのですが、伝えるボリュームを増やしたことで、より興味を引くようになったのではないでしょうか？　また、席の場所を伝えることで、より後につながりやすくなっています。

ボリュームを時間配分で表すと、次の時間配分になりますので、参考にしてください。

①肩書＋名前＆②現在＋興味性……10秒
③過去＋ストーリー……15秒
④未来＋ベネフィット……30秒
⑤行動喚起……5秒

●営業での自己紹介は、フックになる肩書がポイント

では続いて、営業での自己紹介になります。

今回の場面としては、初めて訪問する会社で、アポイントメントを取った上での営業とします。そういった場で、よくある自己紹介は、次のような形で進むことが多いのではないでしょうか？

「本日はお時間作っていただきまして、誠にありがとうございます。株式会社ゼロアンリミテッドの鈴木ケンジと申します。弊社は企業様の売上を上げていくために、〇〇のようなサービスを展開させていただいています。まずはこちらの資料をご覧ください」

実際に弊社にも多くの営業マンがいらっしゃいますが、9割はこのような入りで商談が

進んでいきます。気持ちはわかりますけどね。先輩の営業についていって、その先輩も同じような営業をしていたんでしょうし。

私は20代の頃、古着屋で働いていました。だからというわけでもないですが、今でも洋服が好きで買い物にもよく行きます。その際にどうしても我慢できないことがあるんです。それは、お店に入ってちょっと洋服を触っただけで「良かったら鏡ありますので！」「こちら新作で、僕も今着ているんですよ！」「色が5種類ありまして、今年流行の……」などと声をかけられること。

お前が着ているかどうかなんて知らんわ！　お前はあれか？　芸能人か⁉　そんなふうに怒りたくなるのを我慢し、服を見続けますが、ひどいと耐えられなくなって、店を後にしてしまいます。

あなたも同じ経験をしたことありませんか？　そうなのです。人は売り込みを嫌うのです。

しかし、営業となると、先ほどのように、売り込んでしまうことが普通になってしまっています。もしあなたが、商談をしてもなかなか売れないという場合は、売り込みをしてしまっているかもしれません。

偉そうに言っていますが、私自身も起業当初はそうでした。売りたい売りたいという気持ちが強すぎて、お客様の元に馳せ参じ、資料を見せながら、得意げに通り一遍な自己紹介と、私はこんなにすごいんだというアピールをしてから商品説明。

私のサービスはここが良くて、他とはここが違います。他にもこんなことや、こんなことまでできてしまいます、などなど。もちろん、まったく売れませんでした。「もういいから帰れ！」と言われたこともあります。

自分のことしか考えていなかったんですよね。自分が古着屋で働いていた時には、お客様へ売り込みをしないように気をつけていたはずなのに、いざ自分が起業してみると、いっぱいいっぱいになりすぎて、売り込みをしてしまっていたのです。

何度もお話していますが、相手目線が大事なのです。商談はある程度の時間をかけることもできるので、相手目線になることで、信頼を獲得でき、最終的に契約につながっていくのです。

では、実際にどう言った自己紹介をすれば良いのか？

本日はお時間作っていただきまして、誠にありがとうございます。「社長の右腕代行業」株式会社ゼロアンリミテッドの鈴木ケンジと申します。

長年多くの企業様とお付き合いしてきた中で、社長様が自分の右腕を育てようと頑張ってらっしゃるのを数多く見てきました。しかし、育て上げた末、自分で会社をやると辞めてしまい、今までの苦労が水の泡になってしまう場面も見てきたんです。しかも社員なので言えること、言えないこともあって、ストレスも溜まりますし、右腕と言っても経営者である社長様とは見ている目線の高さも違うため、ご苦労なさっているのを見てきたのです。その中で、私が何かできないか、もっと社長様の助けになれないかと考えた時に、「私が、社長の右腕という存在になれば良いのだ！」と思ったんです。

右腕と言っても社外の人間ですので、何でもお話いただけますし、もちろん同じ目線でいろいろお話もさせていただけます。実際に……（略）

いかがでしょうか？　つなげて書いてしまっていますが、これが実際の商談の場でしたら、こんなやりとりになるでしょう。

私　本日はお時間作っていただきまして、誠にありがとうございます。「社長の右腕代行業」株式会社ゼロアンリミテッドの鈴木ケンジと申します。

お客様　社長の右腕代行業？　初めて聞くけど何をしてくれるの？

私　ありがとうございます。長年多くの企業様とお付き合いしてきた中で、社長様が自分の右腕を育てようと頑張ってらっしゃるのを数多く見てきました。しかし、育て上げた末、自分で会社をやると辞めてしまったり、転職をしてしまって、今までの苦労が水の泡になってしまう場面も見てきたんです。

お客様　確かにね。うちもそうだよ。先日も右腕として信頼していたスタッフが辞めちゃってさ。

私　そうですよね。しかも信頼していると言っても社員なので言えること、言えないこともありますよね？　ストレスも溜まると思いますし。

お客様　そうなんだよね。

私　経営者である社長様とは、どうしても見ている目線の高さも違いますよね？　だからとても苦労なさっているのを今までも見てきたのです。

お客様　うんうん。うちも同じだよ。

私　だからこそ、私が何かできないか、もっと社長様の助けになれないかと考えた時に、「私が、社長の右腕という存在になれば良いのだ！」と思ったんです。右腕と言っても社外の人間ですので、何でもお話いただけますし、もちろん同じ目線でいろいろお話もさせていただけます。実際に……（略）

こんな形で進んでいきます。ここで大事なことは、売り込むのではなく、お客様に質問をしていただくということです。そのためにフックになる言葉や肩書を入れるということです。

今回の例で言うと、「社長の右腕代行業」がそのフックになります。実際に私はこの肩書を法人様向けにはずっと使っていまして、交流会や商談でも経営者様に「これどういうこと？」と聞かれることが多々ありました。

そして、お客様からの質問をきっかけに「なぜ、この肩書なのか？」「なぜ、この仕事をしているのか？」という部分をストーリーでお伝えしていくことで、お客様は共感などの感情が動くようになっていくのです。それが信頼へとつながり、その後の商談もスムーズに進んでいきます。

ある意味、自己紹介すべてがアイスブレイクと言っても良いでしょう。これを5つのパーツで考えると、「①肩書＋名前」をフックにし、「③過去＋ストーリー」→「②現在＋興味性」という流れで話し、実際の商談に入るところで、「④未来＋ベネフィット」をお伝えしていく流れになります。

もしあなたが、営業や商談の機会があるようでしたら、フックになるような肩書をぜひ作ってみてくださいね。

●セミナーでの自己紹介では、3つのWHYを解決する必要がある

そして最後のパターンであるセミナーです。

セミナーでの自己紹介は、5分〜10分くらいが適切でしょう。以前、2時間のセミナーで1時間ぐらい長々と経歴のようなものを聞かされたことがありますが、けっこうな苦痛でした（笑）。

実は、私も自身の講座の説明会で30分ほど自己紹介をしたことがあります。ただし、それは2時間のセミナーをやった上で、講座に興味がある人だけに残っていただいた、そこでのことです。通常なら、1時間のセミナーで5分ほど、2時間以上のセミナーで長くて

も10分ほどで収めるようにしましょう。

さて、セミナーの目的は、あなたの講義を聞いていただくこと、そして商品販売をしているのであれば、それを購入していただくことです。実はこの講義を聞いていただくのに、自己紹介が重要になるのです。

例えば、あなたが勉強を教わる時、高卒の方に教わるのと、東大卒の方に教わるのでは、どちらの方がしっかり聞こうとしますか？　たぶんほとんどの方が、東大卒の方だと思います（ちなみに、私は高卒ですのであしからず……）。人は権威性に弱いものです。セミナーに来ている時点で「講師と生徒」という関係性にはなっていますが、さらにしっかりと講義を聞いていただくために、自己紹介で、あなたの話を聞きたいと思ってもらう必要があるのです。

そして、セミナーでもう一つ重要なことは、参加者に自分事化してもらうこと。これができないと話も聞いていただけないですし、商品も売ることができません。そのために必要なのが、次の「３つのＷＨＹ」を解決していくことです。

・私は「なぜ（ＷＨＹ）」これを学ぶ必要があるの？

・私は「なぜ（WHY）」あなたから学ぶ必要があるの？
・私は「なぜ（WHY）」今、学ばなければいけないの？

この3つのWHYをセミナーを通して解決していくのですが、自己紹介の中にも入れていくことで、より講義を聞いてもらえるようになります。これ以上セミナーの話をすると、別の内容になってしまうので、程々にして、実際の例を見てみましょう。

「こんにちは。株式会社ゼロアンリミテッドの鈴木ケンジです。ひとり起業家向けに、人柄マーケティングというオリジナルメソッドをお伝えしています。よろしくお願いします。本日は、そんな人柄マーケティングについてお話していきます」

このような自己紹介をしてしまっている方も多いと思います。

しかも、最近ですと、オンラインでのセミナーも増えてきています。オンラインは、家で受講する方がほとんどで、周りに気が散るものが溢れている中で受けていますよね。そうなると、この自己紹介ですと、知っている情報ばかりなので、耳を傾けてもらえない可能性が高くなってしまうのです。

では、どのようにしていくかと言うと、こんな感じです。

こんにちは！　動画やＳＮＳ、電子書籍で想いやストーリーを発信するだけで、共感するお客様が自然と集まり、ストレスなく売上が上がり続ける人柄マーケティングの伝道師、鈴木ケンジです。

実は、もともと私は、旅館専門コンサルタントとして２０１０年に起業をしました。その時、私は31歳だったのですが、お客様がだいたい50歳〜70歳ぐらいの上の先輩方。しかも旅館自体も何十年と経営されています。一方、私は２年半ほどしかやっていません。そのため、営業に行っても「お前みたいな若造に何がわかるんだ？　こちとら、もう何十年もやっているんだ！　帰れ！」と言われることも度々……。起業したくてしたはずなのに、お金もなくてクレジットカードも限度額いっぱいまで使ってしまったり、辛いだけの毎日だったんです。

そんな時に、東日本大震災が起きました。お客様は旅館やホテルなので、お仕事もなくなり、お金ももちろんもらえない。しかし、時間だけはたくさんあったんです。その時に「本当に自分自身がやりたいことは何なのか？」「何をしたいのか？」を深く考えたんです。すると答えが出ました！

旅館から日本を元気にしたいと、旅館専門コンサルタントとして起業をしたけど、根本の想いはそこではなく、「頑張っているけど頑張り方が間違っていて成果が出ていない人を助けたい！」という想いだったことに気づいたんです。

それと同時に、多くの人に助けていただいたことで、人とのつながりの大事さを痛感し、ノウハウに価値があるのではなく、「誰が言うか？」「誰から買うか？」と、人にこそ価値があることに気づくことができました。その中で、「あなたから買いたい！」と言われるためにはどうすれば良いのかを考え続け、作り上げたのが人柄マーケティングになります。

実際に、人柄マーケティングを活用した方は、「たった90日で２０００万以上の売上」「紹介だけで年商１０００万」「年収70万だった人が月収70万に」「売上を６ヶ月で５２１％アップ」などなど、成果を出し続けています。そして、オンラインが当たり前になってきた今、人とのつながりに価値があることにみんな気づいてきています。そんな今だからこそ、今回お伝えする人柄マーケティングが有効なんです。

今日はぜひ最後まで楽しみながら、そして集中して聞いて、自分のモノにしてくださいね。

これでだいたい960文字なので、感情込めてしっかり話して5分ほどかなと思います。

ここで大事なのが、ストーリー。ストーリーで共感していただき、その上で今日学べることのベネフィットをお伝えすることで「私はなぜこれを学ぶ必要があるの?」「私はなぜあなたから学ぶ必要があるの?」という2つのWHYを解決し、さらに今だからこそ必要だということを最後に伝えることで「私はなぜ今、学ばなければいけないの?」を解決します。

その上で、最後に行動喚起を入れることで、自己紹介のパートが完結します。

5つのパートで5分で考えると、次のような配分になります。

①肩書+名前&②現在+興味性……20秒
③過去+ストーリー……3分
④未来+ベネフィット……1分30秒
⑤行動喚起……10秒

いかがでしたでしょうか? 3つのパターンの基本的な内容は変わりがないのですが、

どこを重要視するか、どこのボリュームを増やすかが変わってきます。

まずは基本となる1分の自己紹介を作っていただき、そこからパーツごとに膨らましていくと、どんな場面にも対応できるようになりますので、ぜひ次のワークをやってみてください ね。

章末ワーク

実際に自己紹介を作ってみよう！

まずは3つの前提条件を書き出そう

では、実際に自己紹介を作っていきましょう。前提条件として、まずは次の３つを考えて書き出してみてください。

・誰に向かってやるのか？
・アピールする商品は何か？
・どういう状況でやるのか？

また、今回作る自己紹介は、交流会で使える1分バージョンになります。1分で話せるのはプロでも３５０文字。なので、私達素人は２５０~３００文字程度にしておくと、少し噛んだりしても時間内に終えることができます。

ただ、最初から小さく作るのは難しいので、まずは3分間（約700〜800字くらい）を作ります。そのため、今回の自己紹介のワークは2段階で作っていきます。

●3分の共感型自己紹介を作る3ステップ

まずは、3分の共感型自己紹介を下記のステップで作りましょう。

①5要素のアイディアを思い浮かべ、アイディアの良し悪しをジャッジせず1枚のA4用紙や、付箋に全部書き出す。
②重要な項目、伝えたい項目を抜き出し、各要素をつなぎ合わせてA4用紙に書く。
③時間を計りながらトークを声に出して長さと違和感をチェック。

●３分の自己紹介を１分にするための７ステップ

続いて、３分の自己紹介を１分にしていくために情報の断捨離をしていきます。下記の７ステップに沿ってやってみてください。

①３分間の原稿を印刷する。
②印刷原稿を口に出して読み上げる。
③特に感情を込めたり、強調した部分にマーカー（下線）を引く。
④マーカー部分以外を思い切って削る。
⑤自己紹介全体の流れを再構築する。
⑥時間を計りながら読み上げて、時間と違和感がないかをチェック。
⑦⑤と⑥の作業を繰り返し１分間に収める。

●常にブラッシュアップし続けることが大事

ぜひこのワークはやってみてください。その上で大事なことは、常にブラッシュアップし続けることです。24時間、365日いつでも使えるようになることでクライアント獲得につなげることが可能になります。

この超強力な武器も使わなければ錆びついていくし、足りない部分、気が乗らない言い回しは実戦でしか見つけていくことはできません。

自己紹介は準備9割、本番1割。しかし、苦手意識を持っている人ほど準備していません。人見知りであったり、苦手、不得手でも避けて通れないのが自己紹介です。それを準備して準備して当たり前にやる。その結果、効果的にクライアントを取れるようになります。

まずは、作っていただき、その上でどんどん練習して、実戦でも試してどんどんブラッシュアップをしていっていただけたら、私はこの本を書いた意味があるなと思えます。

第3章

自己紹介を「また会いたい」につなげるための聴き方・話し方・覚えられ方

「また会いたい」と言われるためのコツがある

●売れている起業家の主語は、自分ではなく相手

第2章では自己紹介文を作りましたが、この章では実際に自己紹介をする時や、その後にお客様と話す時のコツをお話していきます。

起業家として大事なことは、次へとつながること。次につなげるためには、相手に「また会いたい」と言っていただけることが重要になってきます。

では、どうすれば「また、あなたに会いたいです！」と言っていただけるのか？

まずは大前提として、話す時の主語が「自分」ではなく「相手・顧客」ということ。売れている起業家は、相手がどう思うか、どう考えているかを重要視しています。逆に売れていない起業家は、自分が自分がと、自分が主語になっているため、自己満足で終わってしまっています。

●聴く・話す・覚えてもらう時のコツが「３×３Ｌ・ｉＳＭ」

その前提に立った上で、また会いたいとおっしゃっていただくにはコツがあり、「３×３Ｌ・ｉＳＭ（さざんりずむ）」を意識すれば、その確率は格段に跳ね上がります。

「３×３Ｌ・ｉＳＭ」というのは、聴く・話す・覚えてもらう時に、どこを意識すれば良いのかをまとめたメソッドになります。

・Listen……「３つの視点」で「聴く」
・Speak……「３つの未来」で「話す」
・Memory……「３つの余韻」で「覚えてもらう」

このListen、Speak、Memoryの頭文字と、それぞれについての３つの項目からなるメソッドです。その３×３の9項目を意識することで、相手にまた会いたいと思っていただけるようになります。

では、実際にそれぞれ詳しくお話していきましょう。

相手のお話を「聴く」際の3つのコツ

●「聞く」ではなく「聴く」

まずは、Listen、つまり「聴く」ときのお話をしていきます。今回、「聞く」ではなく、「聴く」という漢字を使っていることにも意味があります。

「聞く」と「聴く」の意味の違いは、音を認識する時の意識の仕方にあります。「聞く」は自然に音が耳に入ってくる場合、「聴く」は音や、音が持つ意味を認識しようと注意して耳を傾ける場合に使う漢字です。

多くの方は、自分の話をしたいがばかりに、相手のお話を気もそぞろで聞き流しています。自分では、そんなことはないと思うかもしれません。しかし、その態度はお相手に、しっかりと伝わってしまっているのです。

そのため、ここでは、相手のお話を聞く時に、話をしっかりと認識しようと注意して耳を傾けるため、「聴く」としています。
では、相手のお話を「聴く」際のコツは何かと言うと、次の3つになります。

・初対面の相手は4つの性格を意識して聴く
・3Cを意識して聴く
・10種類の感情にフォーカスして聴く

それぞれ詳しく見ていきましょう。

●初対面の相手は4つの性格を意識して聴こう

交流会などに参加すると、初対面の方がほとんどという機会も多々あると思います。そうなると、私自身は人見知りだったため、最初の頃は交流会に参加しても誰とも話せない……なんてこともよくありました。

しかし、このままではダメだと、サービス業をやっていた時に、お客様を見る時に意識をしていたことを思い出したのです。それが、「性格」を意識してお話を聴くということ。

もっとも「性格を見てしっかりと話を聴いていきましょう」と言っても「性格なんてそんなにすぐにわかるの？」と思う方もいるでしょう。

性格診断のようなもので言うと、ＭＢＴＩ、ウェルスダイナミクス、ストレングスファインダーなどなど、多種多様にありますよね。ただ、それらは、多くの性格分類があり、それを一瞬で判断するのはなかなか難しいと思います。

そこで、オススメなのが、「ソーシャルスタイル理論」というもの。アメリカの産業心理学者であるデビッド・メリル氏とロジャー・レイド氏が１９６８年に提唱した、コミュニケーションの理論です。人の性格を４つに分け、効果的なコミュニケーションを行うための手法として、多くの企業で取り入れられています。

この理論では、人のコミュニケーションスタイルは「感情」と「意見」の強弱によって「ドライビング」「エクスプレッシブ」「アナリティカル」「エミアブル」という、４つのタイプに分類されると言われています。

ただ、英語だとわかりづらいと思いますので、私がいつもお伝えしている形でお伝えしますね。それが、「リーダータイプ（＝ドライビング）」「ムードメーカータイプ（＝エクスプレッシブ）」「研究者タイプ（＝アナリティカル）」「サポータータイプ（＝エミアブル）」の4種類。それぞれ見ていきましょう。

・リーダータイプ

リーダータイプの方は、指示をされるのを苦手としていて、基本的に自分でコントロールしたいタイプです。感情表現があまり強くなく、合理的に物事を判断し達成していく傾向が強いです。また、ビジネスライクな性格で、過程よりも結果を重視し、決断力に優れています。

このタイプの方は、ダラダラ話が長く、結論が出てこなかったり、断言をしなかったり、気弱な態度だったりすると、イライラしてしまいます。

そのため、元気にと言うより、真面目な感じで結論から話をしたり、「私はこうだと思います」など言い切る形で話をすると良いです。

また、褒めることを求めていない方も多いので、下手に褒めすぎると、おべんちゃらで言っていると思われてしまいます。話をするというよりも、話をしっかりと聴いてあげることで、いろいろお話をしてくださるでしょう。

・ムードメーカータイプ

フレンドリーで場を明るくさせるのが上手なため、人によってはお調子者と取られてしまうこともあるタイプです。ただ、コミュニケーション能力も高く、その場の先頭に立って盛り上げてくれます。

創造性も豊かでトレンドにも敏感なため、見た目にこだわりを持っている方も多く、そこを褒めてあげるとよりたくさんの話をしてくださるでしょう。

また、擬音を使うことが多かったり、感覚重視で生きているタイプなので、感情ワード——例えば「ワクワク」「ウキウキ」「楽しみ」「嬉しい」などテンションが上がる言葉を使うと、一緒に盛り上がってくれます。

・研究者タイプ

周囲に影響されにくいマイペースなタイプで、冷静で自立心も強く、情報やデータを重視し、客観的な事実にもとづいて選択する職人気質の方です。

また、沈黙がまったく苦にならなく、話す時も考えてから話すタイプなので会話テンポが遅い傾向にあります。自分の知識や関心ごとを研究分析し高めていこうとする特徴があるため、お相手の関心のあることについて、聴いていったり、こだわりの部分を褒めるとどんどん話をしてくださいます。

こちら側からお話をする時も、数字やデータ、証拠などを明確にしたものを伝えると興味を持って話を聴いてくれるでしょう。

・サポータータイプ

協調性があり、相手の気持ちにも敏感で相手の話に耳を傾けるタイプです。そして人を応援することも大好き。いつもニコニコしていて、いい人オーラ全開なこのタイプの方は、優柔不断でもあります。人からの押しには弱く、人のために頑張りすぎてしまい、ストレスを溜めてしまいがちです。

話をする時は、共感を意識すると良いでしょう。「そうですよね」「それ、わかります！」「本当に○○さんのおっしゃる通りです」などと共感を示すことで、相手は好意を持ってくださいます。

また、あまり断定的な言い方をするよりも、「○○でしょうか？」「良いと思いますか？」などの質問を投げかけた方が良いです。

合わせてムードメーカータイプと一緒で、オシャレが好きな方が多いので、そこを褒めてあげると好感を持ってくださいます。

この4タイプのコミュニケーションスタイルはいかがでしたでしょうか？　あなたは自身はどこに当てはまりますか？

ただ、このどれにも当てはまるという場合もあります。そういう方はバランスタイプと呼ばれるタイプになりますので、この4つのパターンそれぞれを組み合わせて話を聴いてみてください。

また、見た目としては、右側のムードメーカータイプとサポータータイプには派手で

ソーシャルスタイル理論によるタイプ分け

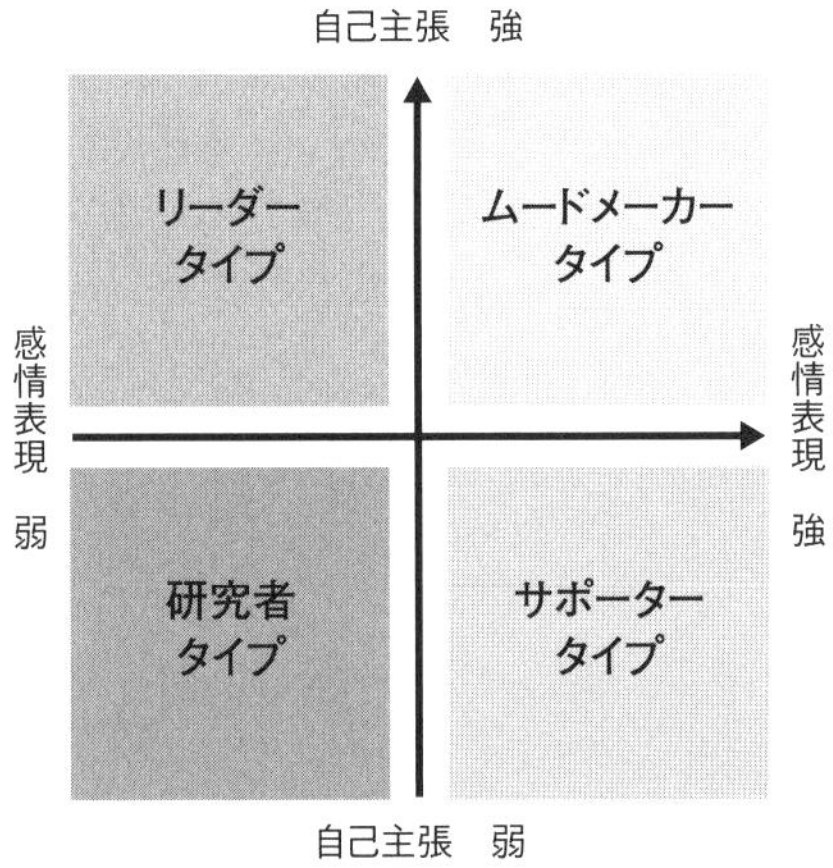

色も多く使っている人が多く、リーダータイプ、研究者タイプには黒や白、シックな色を使っている人が多いので、まず初見での判断材料として活用してみてください。

私のように人見知りの方は、ムードメーカータイプの人に話しかけると、どんどん話をしてくださり、緊張も解けるかもしれませんね。ただ、自分のことを話すよりも相手の話を聴くことを意識していってください。

そして、この性格を意識して聴くことで、その方が好むであろう返答ができるようになります。そうすることで、お相手の方は話しやすくなり、どんどん話してくださるようになりますので、ぜひ意識してみてくださいね。

3Cを意識して聴こう

では続いて「3Cを意識して聴く」というお話をしていきます。まず、3Cとは何か？

・Customer（顧客）
・Competitor（競合）

・Company（自社）

この３つの頭文字を取ったものです。マーケティングを勉強されている方なら、一度は聞いたことがあるであろう、３Ｃ分析と同じですね。

実は交流会などの会話の時にこの３Ｃを意識して聴くだけで、後の商談の際に生きてくるのです。では、３Ｃについてもう少し詳しくお話していきます。

・Customer（顧客）

まずは、Customer。事前に、自社の商品を買う顧客のニーズ、自己紹介をする場での購買までの行動などを洗い出しておきます。

その上で、実際にお話する場面で、「お相手が何を仕事にしているのか?」「どんな人をターゲットにしているのか?」「どんな商品を販売しているのか?」「現在どんな悩みを抱えているのか?」「直近で解決したい悩みは何か?」「長期的に解決したい悩みは何か?」「どんな夢を持っているのか?」「どんなミッションビジョンを持っているのか?」などをどんどん聴いていきましょう。

・Competitor（競合）

続いて、Competitor、競合他社です。事前に自社にとっての競合を洗い出しておきましょう。その際に、直接競合と言われる同業種だけではなく、間接競合も一緒に洗い出しておくと良いです。

例えば、飲食店の直接競合は同じく飲食店になりますが、間接競合はと言うと、コンビニ、冷凍食品、通販のお取り寄せグルメ、宅配ピザ、テイクアウトなどになります。直接競合だけではなく、間接競合にまで対策を立てておく、トークを用意しておくだけでお話を有利に進められますので、ぜひ考えておいてください。

また、お客様の話を聴く時も、競合を意識して聴いておくことが重要です。例えば競合が伸びているのであれば、そういった切り口から「最近○○伸びていますよね？　大変ではないですか？」などの言葉をかけることで、悩みを引き出すことが可能になっていきます。

・Company（自社）

Companyでは、自社のリソース、強み、弱み、商品、ミッション、ビジョンを事前にすべて洗い出しておきましょう。特にその中で必ずやっていただきたいのが、リソースの洗い出しです。

リソースの辞書的な意味は「資源」ですが、ビジネス上ではヒト・モノ・カネ・情報・知識・経験などをリソースと言います。それらをすべて洗い出すことが重要になるのですが、忘れがちなのが、ヒトに分類される「人脈」という部分。

例えば交流会などで、現時点では自分のお客様にならない方は必ずいます。その時に、「ありがとうございました」で終わってしまうのか、お相手の悩みを解決できる人脈を紹介するのかで、その先の関係性が確実に変わってきます。

返報性の法則というものがありますが、人は与えられるとお返ししたくなるという心理があります。その場ですぐにお返しをいただくということはなくても、何かあった時に人をご紹介いただけるかもしれません。

ただ、それを求めて紹介するとなるとギブ・アンド・テイクとなってしまいます。それが悪いわけではありませんが、本書を読んでいただいているあなたには、「ギバー」になっていただきたいと思うんです。つまり、見返りを求めて紹介するというより、目の前の人が困っているからという理由で、いつか戻ってきたらラッキーぐらいの感じで紹介していっていただけたらと思います。

この「3Cで聴く」という部分では、顧客が求めていること、悩みをしっかり聴き出し、自社のリソースなどでどこを解決することができるかを意識して聴いていきましょう。

●10種類の感情にフォーカスして聴こう

「聴く」の最後の項目。「相手の気持ちにフォーカスして聴く」ということをお話していきます。前の項目の3Cでも「相手の悩みを聴く」といったことをお伝えしていました。ここでは、もっと感情にフォーカスして聴いていきましょう。

人の感情としては、昔から「喜怒哀楽」という言葉が有名ですよね。ここでは、もう少し分類を増やして、10種類で考えていきます。その10種類の感情とは次になります。

① 喜び・嬉しい　② 怒り

③ 哀しみ・残念　④ 楽しい

⑤ 嫌悪　⑥ 恐怖
⑦ 驚き・興奮　⑧ 心配・不安
⑨ 誇り　⑩ 感動

では、実際にこの10種類をどう活用していくかと言うと、お客様が話している言葉が、どの感情からきているのかを考えながら聴くということです。

例えば、交流会で、「今日は、前の商談が押してて、間に合うかギリギリでした！」という話を聞いた時、何の感情が入っているか考えてみます。この会話でしたら、交流会に遅れてしまうかもという「心配・不安」があるとわかりますよね。焦りとも言えると思います。

その時に、あなたが「そうだったんですね！　大変でしたね！」という返事をするのか。それとも、「それは、焦りましたよね？」という返事をするのか。それによって、お客様は、あなたが話をしっかり聞いているかどうかを潜在意識の中で、感じてしまいます。

さらには、次の会話のきっかけにもなっていくんです。例えば「そうだったんですね！　大変でしたね！」と返事した場合、お相手は「はい、本当に」で終わってしまうことが多いのではないでしょうか？　しかし、「それは、焦りましたよね？」と返事したのであれば、相手は、「そうなんですよ！　すごい焦りました！　間に合ったんで良かったですけどね」のような会話となり、次の会話をしやすくなりますよね。

では、なぜ感情にフォーカスした聴き方ができると、あなたが話をしっかり聞いていると思っていただけるのか。それは、「共感」してくれていると感じるからなのです。つまり「わかってもらえた」と思っていただけることで、次の会話へと話がどんどん膨らんでいき、それが信頼へとつながっていくのです。

これは、ビジネス上だけではなくて、例えば夫婦間や恋人同士、友人などの間柄でも使えます。

例えば先日、妻が出かける時に「このカジュアルなのと、ちょっときれい目な服だとどっちの服が良いと思う？」という質問をされたのですが、私は仕事のメールチェックをしていたので、適当に「どっちでもいいんじゃない？」と答えてしまいました。まぁ妻は怒りますよね（笑）。

しかし、その時に、「どちらが良いか悩んでいる、心配・不安の感情がある」と気づいていれば、次のような会話になったはずです。

「このカジュアルなのと、ちょっときれい目な服だとどっちの服が良いと思う?」

「カジュアルな服と、キレイめな服で悩んでいるんだね?」(悩んでいることに共感する)

「そうなの。暑いからカジュアルで行きたいんだけど」

「確かに暑いもんね」

「けど、ちょっとオシャレなお店に行くからキレイめの方がいいかなと思って」

「それなら周りの目もあるし、一緒に行く人の服装もあるもんね」

「うん! ちょっと友達にどんな格好で行くか聞いてみる」

「そうだね! せっかく友達と会うんだし、楽しむためにも良いと思う!」

こんな感じで丸く収まったと思うんです。さらに最初の「心配・不安」という感情から、「楽しみ」という感情に移行させることができたはずです。その時の私はできませんでしたが……(笑)。

このように、相手の感情にフォーカスして、その感情を読み取った上で、その感情を言葉にして返してあげることが重要です。そのことが、共感につながり、信頼へと変わっていくのです。

いかがでしたでしょうか? ぜひ「3つの視点で聴く」というのを試してみてください。

自分が「話す」際の3つのコツ

●興味を持っていただくためには「未来」について話そう

続いてはSpeak、つまり「話す」際のコツについてお話ししていきます。

前項の「聴く」というところでも、話す時に気をつけることをお伝えしました。ただ、ここでは、そういった会話でというよりも、あなた自身が何を話すべきかというお話をしていきます。

ここでキーワードとなるのが「未来」です。相手とあなたの未来を話すことで、興味を持っていただき、信頼関係や次へとつなげていくきっかけにしていきます。

では、実際にどんな未来を話せばいいのかと言うと、それは次の3つの未来です。

・相手が求める未来

・ベネフィット
・あなたが目指す未来

それぞれについて、詳しく見ていきましょう。

●「相手が求める未来」を話そう

まず、「相手が求める未来を話す」ということ。ここで気をつけるべきことは、わかりやすさと簡単さになります。

相手が求める未来とは何かと言うと、「聴く」でお話した3C、つまりCustomer(顧客)、Competitor(競合)、Company(自社)の部分です。前項では「お相手が何を仕事にしているのか?」「どんな人をターゲットにしているのか?」「どんな商品を販売しているのか?」「現在どんな悩みを抱えているのか?」「直近で解決したい悩みは何か?」「長期的に解決したい悩みは何か?」「どんな夢を持っているのか?」「どんなミッションビジョンを持っているのか?」などをどんどん聴いていきましょう、というお話をしました。

そこで出たお話を聞いた上で、「相手が求めている未来は何か？」を考えてしっかりと言語化し、その未来をお手伝いできるということを伝えていく必要があります。

さらに、そこで相手がワクワクする未来、「そうそう！　それを求めていたんだよ」という未来を話せるか？　そして、相手の未来図をあなたが一緒に描けるかどうか？　それがポイントです。

そのためには、自社の強みやリソースなどを明確にしておく必要があります。それと同時に、相手の悩みや目標、求めている未来なども明確にしておく必要があります。

そしてその未来図の中にあなたがいること。それをしっかりと相手に感じていただきましょう。それを感じていただくために必要なのが、次の「ベネフィットを話す」ということです。

●「ベネフィット」を話そう

では、続いて「ベネフィットを話す」ということについてお話していきます。

ベネフィットというのは、第2章でもお話しましたが、「商品の購入によって顧客が受ける恩恵」のことであり、お客様にとっての未来のことになります。お客様は商品がほしくて買うわけではなくて、その商品を購入したことによって手に入れることができる未来に対してお金を払ってくださるという話でしたね。

相手が求める未来を話すことも大事なのですが、それだけですと、言い方は悪いですが、御用聞きで終わってしまう可能性があります。相手が求めているものを提供するだけですからね。

そうではなく、相手が思いつかない、うまくいっていない真の原因をしっかりと提示する。さらにはそれを解決できること、そしてそれによってもたらされる未来を提示する。そのために、理想のお客様の悩みをしっかりと把握しておき、あなた自身が提供できるべネフィットもしっかりお話する必要があります。それができると、相手は「確かにそうかも」「それが原因だったのか」といった納得や確信をでき、あなたのお客様となってくださる可能性が高まります。

●「あなたが目指す未来」を本気で話そう

ここまでは相手にフォーカスしていましたが、この本では共感型自己紹介を中心にお話していているということで、あなたの想いに共感していただくために話す未来についてもお話します。

同じお客様になっていただくなら、あなたに関わるメリットだけを見てくるお客様よりも、あなたの想いに共感している、あなたが好きというお客様の方が良いですよね？

そのようなお客様を得るためには、人柄ストーリーもそうなのですが、あなたが求める、あなたが目指す未来についてもしっかりとお話をするべきなのです。しかも本気で。

自己紹介では、ストーリーはそこまでお話できません。しかし、２人で話す機会や、例えば飲み会など長くお話できる機会は、作ろうと思えば作れます。

その際には、基本的には相手のお話を聴くことに徹するのですが、あなたの番になった時に、あなた自身の想いをしっかりと伝えましょう。そうすることで、あなたの人柄が伝わり、ビジネスなど関係なく好きになってくださる方が増えるのです。

例えば私であれば、「未来ある子供達のために、マーケティングや起業家マインド、お金のことなどを教える学校を作りたい！」ということを本気で話しています。

私は中学生の時に、行きたい進学校がありました。テストの点数は取れていて、学年でも5番以内に入ることもほとんどで、自分では行けると思っていたのです。

しかし、宿題はやらない、授業態度も悪いなどいろいろ素行の問題もあったので、テストの順位からは考えられないぐらい内申書が低い問題児でした。そのため担任の先生からは「その学校は落ちる可能性があるし、学校のためにそんなことはさせられないから受けさせない」と言われて、行きたい学校に行けませんでした。

もちろん、それは私自身が悪いと思っています。自業自得だと。

しかし、他のクラスの先生が、その担任に本気で怒ってくれたのです。ある教科を受け持っていた先生で、私が受けた高校の引率の先生でもありました。その引率の時に、「健二はなんで、ここにきているの？　○○高校じゃないの？」「いや、僕ももちろん受けたかったんですが、内申書が少し足りないからって受けさせてもらえなかったんですよね……」という会話をした次の日、担任の先生に本気で「なんで受けさせないんだ！」と怒ってくださったのです。それでも後の祭りだったので、併願で受けた私立の高校に行った方が良いんじゃないかと、その怒ってくださった先生に声をかけられました。

ただ、家が貧乏だったため私立に行くのは最初から諦めていたので、先生には理由を伝えて「ごめんなさい」と謝ると、先生は泣きながら「学校の犠牲にさせちゃったな」と謝ってくださいました。

今の人生に後悔はまったくありませんが、もし行きたい高校に行っていたら人生が変わっていたかもしれない。確かに自業自得です。しかし、今思い返すと、担任の保身のためだったかもしれないなと思うのです。実際に、私以外も希望の高校を受けさせてもらえなかった友達が何人もいたので。そう思った時に、社会経験がほとんどないような先生に、この先の人生を決められることって怖いなって思ったんです。

私自身は高校卒業後、社会人になっていろいろ経験をさせていただき、サービス業がほとんどだったので、多くのお客様とお話もさせていただきました。起業後も多くの起業家さん達と出会い、いろいろなお話を聞いてきました。その中で、未来はこんなに明るいのに、なぜその未来を語れない人に人生を決められなければいけないんだと思ったんです。

だからこそ、「未来ある子供達のために、マーケティングや起業家マインド、お金のことなどを教える学校を作りたい！」と思うのです。そして、勉強ができる、できないに関係なく、「あなたの未来の可能性は無限大だよ」ということを伝えたいのです。

いかがでしたでしょうか？　このような話をさせていただくと、全員ではないとは思いますが、共感してくださる方がいらっしゃるのではないでしょうか？　ちなみに、このお話は本当に普段しているお話ですからね（笑）。

あなたも自身の目指す未来を、本気で、そして熱く語れるようにぜひ考えてみてください。そして、あなたの想いや、目指す未来に共感する方達とお仕事をしていただきたいなと心から思います。

相手に自分を「覚えてもらう」ための３つのコツ

その場でアポイントメントが取れなくても、印象に残せば次につながる

３×３ＬｉＳＭの最後の項目は、「３つの余韻で覚えてもらう」になります。

ここでは、もしその場で商談やアポイントメントにつながらずとも、覚えていただくことで、次回へとつなげていくためにはどうすれば良いかをお話していきます。具体的には、次の３つのコツがあります。

・「共通話題」で心を掴む
・「想い」を共有する
・「共感エピソード」を話す

もちろん、「覚えてもらう」というのは、「興味を持っていただく」「印象に残る」ということであり、その日でアポイントメントも取れることにもつながりますので、安心してくださいね。

では、さっそく行きましょう。

●「共通話題」で心を掴んで覚えてもらおう

まずは、共通話題。これがもっとも簡単で、さらには効果も絶大です。

私は以前旅館で、統括マネージャーをやっていました。その仕事の1つに、ご宿泊になるお客様への仲居さんの担当分けがあります。

その際に、まず見るところはお客様の居住地でした。そして同じところに住んでいたことがある仲居さんがいたら、その仲居さんを担当につけていました。それは、居住地がいちばん簡単な共通話題になるからです。

実際に、人手が足りなくて私が仲居を担当した時のお客様で、静岡市の方がいらっしゃいました。私は古着屋で働いていたことがあるのですが、その際に静岡市に住んでいたのです。しかも住所を見ると、お店があったところと近い。

そこで「実は私以前、静岡市に住んでいて、○○町にある洋服屋で働いていたんです！」ということをお伝えすると、「えっ？　なんていう洋服屋？」「○○です」「えっ！　うちのテナントさん!?」となりました。

そうなんです。そのお店があったビルのオーナーご夫妻だったんです。

古着屋にいた時は、家賃にけっこうシビアなオーナーさんだったので苦手だったのですが（笑）、その会話をきっかけに、以降はとても仲良くさせていただきました。何度も旅館にリピートしていただくようになったのです。

そんな偶然は稀だとは思いますが、住んでいる場所の話は弾みます。もし、まだ引っ越したばかりという場合でも、いろいろ紹介もできますしね。

この方法は別に私の専売特許というわけではなく、例えば惜しまれながらも2018年1月10日をもって86年の歴史に幕を下ろした、銀座にあったグランドキャバレー白いばらさんも同じようなことをしていました。壁面には「あなたの郷里の娘を呼んでやってください」のキャッチコピーとともに各県にホステスの名札が下がっている大きな日本地図が掲げられていたのです。

このように、住んでいる場所というのは、話が弾むきっかけにもなりますし、またお会いした時も、「あっ！　同じところに住んでいる方でしたよね！」と覚えていただける可能性も高くなります。

他にも、趣味であったり、よく行くお店であったり、何でも良いので共通点を探ることが大切です。また、自分から探らなくても、名刺に趣味などを書いておけば、相手から話しかけてくれることもありますね。

例えば、ゴルフが趣味の方がいらっしゃったら、仕事に関係なくゴルフに一緒に行くのも良いです。昔からゴルフは社交の場と言われていますが、長時間4人でラウンドするので、交流会などでは聞けないディープな仕事の話を聞けたりと、多くのプラスがあります。

そのようにして継続的に接点を持っていくことで、忘れられない存在となっていけるのです。

●「想い」を共有して覚えてもらおう

続いて、想いを共有して覚えてもらう方法です。

本書では何度も何度も共感してもらうためには、想いを伝えることが大事ですよとお話してきました。前項でも「あなた自身が目指す未来」について話しましょうとお伝えしましたね。

ここでは、目指す未来もそうなのですが、未来というよりも、次の３つの「なぜ」という部分を共有して、そこに共感をして覚えていただきましょう。

・なぜ、この仕事をしているのか？
・なぜ、そのお客様を助けたいのか？
・なぜ、その想いを持っているのか？

このなぜというのは、セミナーの自己紹介の部分でお話しました「なぜ、あなたから学ぶ必要があるの？」という質問を解決するものでもあります。これは、セミナーでも交流会でも何でもそうなのですが、相手があなたから商品を買う時に必ず考える質問の１つです。だからこそ、そこを話し、先に共有しておくことが重要になります。

そのためにも、まずは、この３つの質問には、答えを持っておきましょう。

●「共感エピソード」を話して覚えてもらおう

覚えてもらう最後のコツは、共感エピソードを話すということです。

人柄ストーリーの説明の際にお話させていただきましたが、ストーリーは人の脳に残り、感情を動かします。エピソードもストーリーです。

時間を気にせず話せる場があれば、人柄ストーリーで作ったものをすべて話しましょう。また、それ以外にも、あなたの「人柄」「お客様への対応の仕方」「想い」などなどを表すストーリーは、たくさんあるはずです。そのストーリーをネタとして何個もストックしておいてください。

人はわかりやすさを求めています。そして、私達がやるべきは「あなたにとってこの商品が必要だ」ということを伝えること。それに一役を買うのがストーリーなのです。

先に人柄ストーリーの作り方はお話させていただきましたが、ここでは、ストーリーの基本原則をお話していきます。ストーリーを構成する要素は、「主人公」「悩み」「きっかけ」「解決策」「回避したい失敗」「成功した未来」の6つ。この要素をストーリーの中に入れていくことで、聞いている相手は、共感し、あなたを覚えてくださるようになります。

実はさらに、「行動喚起」を追加することで、商品の購入にまでつなげることも可能です。ただし今回は、あくまでも「覚えてもらう」という部分にフォーカスしているので、行動喚起は抜いてお話していきますね。

① 主人公

主人公は2パターンあります。1つはあなた自身、そしてもう1つは顧客です。あなた自身のストーリーを話すことが共感につながるのはもちろん、既にあなたに顧客がいる場合は、その顧客を主人公にしたストーリー、エピソードを話すことでも共感が得られます。またそれと同時に、あなたのお客様への接し方も、それとなく相手に伝えることができてしまいます。

② 悩み

悩みを話す際に、まずは願望を意識してみてください。人の願望は大きく分けて次の5つがあります。

・資産の増加……資産を増やしたい、売上を伸ばしたい、集客したいなどの願望
・お金・時間の節約……限りある資源であるお金や時間を節約したいという願望
・ステータスの獲得……航空会社のステータス、ゴールドカード、ブランド物などのステータスを手に入れたい、社会的地位を得たいという願望
・社会・人とのつながり……コミュニティーに所属したい、人とつながっていたいという、何かあった時のためにも誰かとつながっておきたいという原始的な願望
・社会的意義……ボランティア、寄付、誰かのために何かしてあげたいなどの願望

この願望に沿った悩みが必ずあります。だからこそ、そこをストーリーに入れ込んでみてください。

③きっかけ

これは、あなたが主人公であれば、「あなたがなぜ、今の仕事をしているのか?」という部分や、あなたの商品・サービスといった部分になります。

顧客が主人公の時は、成功へと導いたあなたがきっかけとなります。

④解決策

あなた自身の商品や、サービス、どうやって解決できたかなどハウツーの部分です。

⑤回避したい失敗

顧客が主人公の場合は、「こうなりたくない」という思いが必ずあったはずです。もしくは、一度失敗してしまっていたかもしれません。その部分をぜひインタビューしてみてください。

あなた自身が主人公の場合も同じです。「このままでは、こんな悲しい結末になったかもしれない」ということを伝えてください。

⑥成功した未来

人は問題を解決し、失敗を回避し、理想とする未来を手に入れたいのです。だからこそしっかりと言語化をしてみてください。この時に、先ほど挙げた願望が叶っている未来を提示できるとなお良いです。

ストーリーを練る時には、この「主人公」「悩み」「きっかけ」「解決策」「回避したい失敗」「成功した未来」の6つの要素を念頭において考えてみてください。

また、失敗談も共感を呼びます。失敗談の時はシンプルに「失敗」「きっかけ」「未来」を話してあげることで共感を呼ぶことができますので、ぜひ試してみてください。

名刺交換の場で3×3L・i・SMを実践してみよう

●名刺交換で「また会いたい」と言っていただける10ステップ

ここまで、3×3L・i・SMで「また会いたい」と言っていただけるコツについてお話ししてきました。いかがでしたでしょうか？　けっこうなボリュームとなりましたが、しっかりと意識して実践してみてください。交流会での名刺交換の際など、この3×3L・i・SMを意識して実践できれば、確実に「また会いたい」と言っていただけるようになりますから。

ただ、交流会などに行ったことがない場合は、理屈はわかっても具体的にどう行動すれば良いかわからないという方もいらっしゃると思います。そこで、これまでお話ししてきたことを踏まえ、交流会で実際に名刺交換をする際にどうすれば良いのか、どこを気をつければ良いのかを10ステップで解説していきましょう。

① 自己紹介を用意する

まず、どんな場所に行くのかを考えましょう。例えば、交流会でもBNI、ニーズマッチ、守成クラブなどと多数あり、それぞれ自己紹介の時間や運営方法が違います。また、商談でもどんな関係の相手かによって変わりますよね。

どんな会か？　どんな場か？　相手、関係性に合わせて、前章で作った自己紹介をベースに修正して実際に用意しましょう。

② 名刺と気持ちの準備をする

名刺をできるだけ多く準備しておき、持てるだけ持っていきましょう。

私は、名刺を忘れてしまったことがあり、気づいたのが会場に着く前だったので、100円ショップで名刺大のカードを購入し、手書きで書いたことがあります。他にも会場に着くまで忘れたことに気づかず、A4用紙をカットして手書きで渡したこともあります。ペラペラの紙なのでエアコンの風で飛んでいってしまい恥ずかしかったことを今でも覚えています（笑）。あなたは同じ思いをしないためにも、しっかりと準備しましょう。

そして、名刺と共に、気持ちも準備しましょう。何のために行くのか、目的を明確にして、そのためにはどんな行動を取れば良いか考えておきましょう。

③ 会場には早めに着くようにする

会場には10分~15分前には着くようにしましょう。会によっては開場時間も決まっているので、それを踏まえた上ではありますが、まずは、会場の前に必ず時間前に着くようにしてください。

初めて行く場所の場合、迷ってしまうこともあったり、電車が遅れてしまうこともありますので、あらかじめそういったリスクを回避できるように、時間を考えてください。また、早めに着きすぎるのも、相手のご迷惑になりますのでお気をつけください。

そして、会場に早めに着いたら、主催の方と先に名刺交換をし、あなたのことを知っておいてもらってください。それが後々、紹介をしてくださることにつながっていきます。

人見知りの方は、それも事前に、軽く伝えておくと良いでしょう。また、準備などをしていたら、それもできるだけお手伝いをしてください。

④ 名刺交換をできる人、したい人を探す

名刺交換ができる時間になったら、名刺交換をできる人を探しましょう。もし知人がいれば、まずはそこからでも大丈夫です。いちばん名刺交換をしやすいのは、他の方と名刺交換が終わった直後の人です。

また、自分のターゲットとなる人がわかったら、その方としっかりと名刺交換をしましょう。主催者に前もってどんな人が来るか聞いておくのも良いですね。さらに、その方を紹介してくださいと前もって伝えておくとスムーズです。

⑤ アイキャッチをし、2メートル以内に近づく

この人と名刺交換をしたいと思ったら、まずはアイキャッチをします。アイキャッチとは、アイコンタクトをもっと強くしたものです。高級レストランなどに行くと、サービススタッフが一度目を大きく開いてから「○○様、ようこそいらっしゃいました！」なんて声をかけてくることがありますが、それがアイキャッチです。

そして、アイキャッチをしたら、笑顔で2メートル以内に近づいていってください。

⑥ まずは自分から話しかける

「お名刺交換させていただいてよろしいでしょうか？」と先に話しかけましょう。そして名刺交換後は、相手の自己紹介を先に聞いて、その後お仕事のことなど３×３Ｌ・ｉＳＭを意識して質問をして、聞いていきましょう。

⑦ 聞く

相手が質問をしてくるまで、相手に話してもらいましょう。その時に意識することは、相づち、頷き、繰り返し、伝え返し、質問をしながら掘り下げることです。

そして、ここでも３×３Ｌ・ｉＳＭを意識しながらお話をしていきましょう。共感をしながら、相手に気持ちよく話してもらってください。

⑧ 自己紹介をする

相手が質問をしてきたら、相手が話していた内容を踏まえ自己紹介をしてください。長々と自己紹介をするよりも、30秒以内で、相手に興味を持ってもらうことを中心にお話するのが効果的です。

また、相手の悩みを自分が解決できるとわかった場合は、その話をフックにして、「実は私、こういうことをやっていまして」と自己紹介に入るとスムーズで、商談にもつながりやすくなります。

⑨興味を持ってもらったところがなぜか聞く

自己紹介をして、名刺を見て、興味を持つところがある場合は、相手も質問をしてくださいます。その際に、答えた後に、なぜそこに興味を持っていただいたかを聞いてみてください。

そんなこと聞けないと思うかもしれませんが、相手のお話を先にたくさん聞いているので、意外に相手はスムーズに話してくださいます。

⑩クロージングする

ある程度お話をしたら、あなたも相手も、他の方とも名刺交換をしたいと思いますので、クロージングをしましょう。

それまでの話によって、クロージングは変わります。もう少し話したいなという時には

「後でまた話しましょう！」ですし、ある程度興味を持ってくれていることがわかれば「今度お茶しませんか？」と声をかけても良いです。

また、今はＳＮＳが普及し、相手も何かしらのＳＮＳはやっていると思います。例えばフェイスブックなど、ＳＮＳでも必ずつながっておいてください。メッセージのやりとりもスムーズになりますので。

もし自分の顧客にはならない、自分のターゲットではないという場合は、笑顔で「ありがとう」で終わってください。

●交流会で仕事を獲得するコツは与えること

また、交流会などを活用し売上を上げて際に重要なことは「相手に先に与えること」です。

今現在もそうなのですが、私は積極的に起業家仲間のことを紹介しています。すると、その仲間も当たり前のように私を紹介してくださるのです。そのことで、仲間の仲間がお客様になってくださります。これは、成功していれば成功している人ほど当たり前のようにやっている行動です。

これは、自分の友達も同じですよね。自分の友達をお客様にするのは抵抗ある人も多いと思います。しかし、友達の友達はどうでしょう？　抵抗はなくなりますよね。

では、どうすれば友達に、友達を紹介してもらえるのか？　それは、本書で話している自己紹介と「与えることができているのか？」というところになるのです。

ただ、自己紹介と言ってもお名前などはお友達は知っています。そこではなく、「あなたの仕事は○○」「あなたの想いは○○」というところを明確にしておくことが重要です。そして、普段から友達に与えることができていれば、その友達はしっかりと与え返してくれるでしょう。

交流会組織の中で1位になった秘訣も「与えること」だった

これは、オフラインだろうがオンラインだろうが同じ。実際に、交流会でお仕事を紹介してもらうのに早いのは、与えること、いわゆる紹介をすることです。そして同時に、相手のことやその場の空気、場にいる方達をしっかりと見て、自己紹介の内容を変えることで、反応がすべて変わってきます。

最初の自己紹介で興味を持っていただき、そこから相手とお話をする。その上で与えれば、それはあなたに返ってくるのです。

実際に、私は交流会を主催していた時に、紹介をバンバン出していました。すると、会員様がゲストを連れてきてくださるようになったり、交流会は関係なしにお仕事を紹介してくださることが当たり前になったのです。

そのことで、１００支部以上、会員数で言うと１０００人以上いるような交流会組織の中で、会員紹介数１位、新規会員獲得数１位などの表彰をしていただきました。これもすべては、先に与えることをした結果でしかありません。ぜひあなたも先に与えることを意識していってくださいね。

●ムリせず、できる範囲で与えればＯＫ

ただ、与えるというお話をすると、とにかく与えようとするとても良い方がいらっしゃいます。本当に素晴らしい方だとは思うのですが、それは違うのです。

あくまでも自分のできる範囲で、その人のためになると思ったら与えれば良いのです。人の時間は24時間と平等。その中で、自分の時間をたくさん割いてまで相手に与えるのは、また別の問題です。

さらにそういう良い方は、相手に嫌われたくない、相手に申し訳ないと思って与えてしまう場合も多いです。それは、被害者意識を持つ与える人となってしまうので、それではビジネスが成功しません。

また、見返りを求めて与える、もしくはなんか与えてもらったからしょうがないから与えるというのも違います。

あくまでもあなたができる範囲で、相手のためになるなと思ったら与えてください。それが結果的にあなたに返ってくることになるでしょう。

章末コラム

名刺そのものも武器にできる

●名刺にも興味を持ってもらうためのフックをつけよう

交流会や、営業の際、必ずお渡しするものがあります。それが名刺です。

本章で名刺交換の際のコミュニケーション方法についてはお伝えしましたが、そもそも名刺そのものが、仕事につながりやすくするためのツールとして使えます。しかし、多くの人はただ、会社名や役職、住所などの情報だけが書いてある名刺を渡しています。そんな名刺をもらって印象に残るでしょうか？　話を広げるきっかけになるでしょうか？　答えは、なりません。

ではどうすればいいのか？　名刺に、相手に興味を持っていただける、質問をしていただけるフックをつければいいのです。

例えば私であれば、起業家向けの名刺には「人柄マーケティングコンサルタント」

という肩書を書いていました。また、法人向けの名刺には「社長の右腕代行業」という肩書を書いていました。これによって「これってどういう意味ですか？　どういうことですか？」とお客様からご質問いただけて、詳しくお伝えすることができるという流れができていたのです。

また、脳科学を使ったマーケティングを教えている私の友人は、名刺を何種類も持っていて、すべて形やデザインが違うものでした。そこから話に花が咲き、なぜ名刺をこのようにしているかということを脳科学を使って説明し、ビジネスにつなげていたのです。実際に、私もそれで彼に興味を持ち、何十万というお金を支払いました（笑）。

このように、名刺を渡した相手が興味を持つ、質問をしたくなるフックを用意しておくことをぜひ試してみてほしいです。フックつき名刺＋共感型自己紹介の組み合わせは最強ですからね！

●名刺を渡して1秒で専門家としての信頼を勝ち取る方法

さらに、名刺を渡して1秒で専門家と認識させ、信頼感と印象を高めるテクニックもあります。それは、本の書影を名刺に載せることです。

実際に、私の受講生でもあり、序章でもご紹介した間宮さんは、自著の書影を入れたことで、名刺を渡して1秒でコピーライティングの専門家と見ていただけるようになり、お仕事につながるようになりました。

できればAmazonランキング1位を取ると効果的です。間宮さんもAmazonランキングを何冠も取っていて、名刺に本の書影と「Amazonランキング◯冠」と載せたことで、お仕事につながりました。

また、本を購入していただけた相手とは「著者と読者」という関係性ができあがり、先生の立場となれるのも、有利な点と言えます。

とは言っても「そう簡単に本は出せないよ」と思う方もいるでしょう。確かに、紙の本は誰でも彼でも出せるものではありません。しかし、キンドル本、いわゆる電子書籍であれば出すことは可能なのです。

私はキンドル出版プロデューサー養成講座という講座を開催していますが、そこでは3期で100人ほどの受講生が1年半で自著とプロデュースした本を含め300冊以上出版し、Amazonランキングも1000冠以上獲得をしました。そのこともあって、講座受講生だけではなく、プロデュースされたお客様達も売上が上がり、手前味噌ですが大人気の講座になっています。

ただし、電子書籍と言えど、ただ出せば良いというものではありません。ペラペラの内容で出してしまうと、逆ブランディングになってしまい、逆効果です。そのためにも、プロデューサーをつけるなど、しっかりとした、読者のためになる本を出版されてくださいね。

もちろん、本書のように紙の本であれば言うことはないです。さらにブランディングとしては強くなりますから。

そして、本の書影&ランキングというフックつき名刺+共感型自己紹介を作り、どんどん名刺交換をしていきましょう！

第4章

自己紹介後の会話を盛り上げる「愛されトーク術」

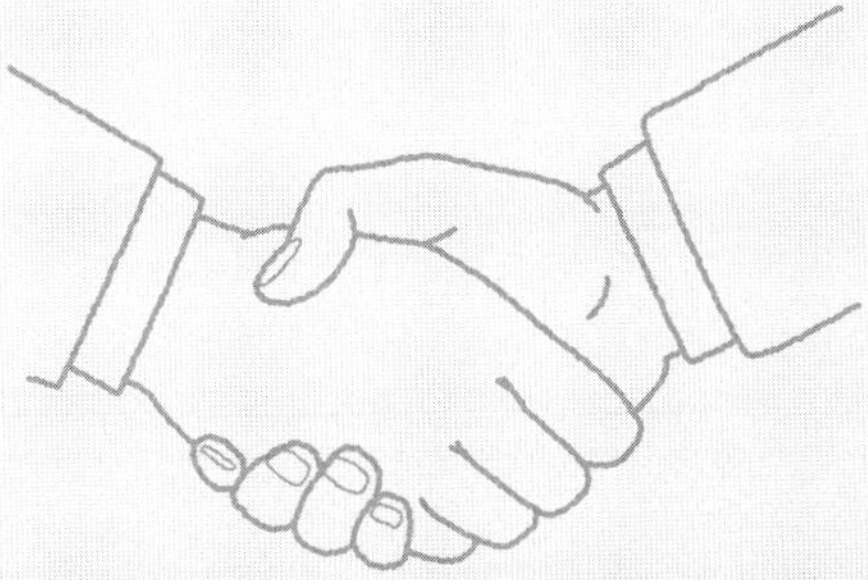

人見知りはトーク術でカバーできる

●口下手の方が愛される？

第3章までの内容はいかがでしたでしょうか？　ここまででも充分に自己紹介から仕事につなげることができるようになっていると思いますが、第4章ではさらに、あなたが多くの方から愛され、ビジネスにつなげていくために必要なことをお話をしていきます。それは私がサービス業時代から培ってきた、口下手・人見知りでもできる、人との関係構築に役立つトーク術です。

ちなみに、ご存知ですか？　実は口下手の方の方が愛されやすいって。

口下手な方というのは、いわゆる内向的な人と言われます。その逆が外交的な人ですね。

外交的な人は、コミュニケーション能力が高く、誰とでも仲良くなれたり、リーダーとして引っ張っていくタイプだったりと、世の中では、そうあるべきタイプ、理想のビジネスマンのタイプだと思われている節があります。

しかし、最新の心理学の研究では、むしろ内向的なタイプの方が深い対人関係を築く能力が高いと言われるようになりました。内向的な方は外部刺激に弱いので、相手に嫌な印象を与えないようにと、相手の表情や感情を読み取る能力が高い方が多いのだそうです。もしあなたが内向的なタイプであれば思い当たりませんか？

実際に、私も内向的な性格です。人前でセミナーなどをしてはいますが、人混みなどは疲れますし、それが知人ばかりだとしても疲れるので、ひとりの時間をとても大事にしています。また、初対面の方との会話はとても苦手ですし、どちらかと言うと苦痛に感じるぐらいのコミュ障です（笑）。

だから安心してください。そんな私でも交流会で売上を上げられますし、多くの仲間に囲まれ、右肩上がりに売上を上げ続けていますから。

●コミュニケーションが苦手だと意識しすぎないことが大事

ただし、気をつけなければいけないことがあります。それは、コミュニケーションが苦手だと意識しすぎないこと。意識をしすぎると、自ら強固な壁を作ってしまい、頭も心も相手をブロックしてしまうので、よりコミュニケーションが取りづらくなってしまいます。これは、内向的な方によくありがちなことなんですよね。

ただ、そうは言っても、これは「人見知りを克服しましょう」ということではありません。あくまでも、強く思いすぎないということ。内向的な性格でも愛されスキルを使うことで、しっかりと相手の方から愛され、また会いたいと思っていただけるようになります。もちろん、お仕事にもつながりやすくなりますので、1つでも多く意識して実践をしてみてくださいね。

では次項から実際に一つ一つ「愛されトーク術」を見ていきましょう。

気分・体調を最高の状態に整えよう

●テンションが低い人から買いたいと思いますか？

これはトーク術というより、その前の準備に近いお話になりますが、例えばあなたの下に、体調が悪く、うなだれた状態の営業マンがきたとします。その方から、話を聞きたいと思いますか？　商品を買いたいと思いますか？　絶対に思わないですよね。

逆に、あなたが、テンションが低く自信がない感じでお相手とお話をしていたらどうでしょうか？　お相手も同じように、話を聞きたいとは思わないでしょう。

つまり愛されるかどうか、話を聞いていただけるかどうかは、あなたの気分、状態が多くを占めているのです。あなた自身の気分や体調の状態が、あなたの行動を作り、結果を生み出すのです。

だからこそ、例えば交流会に行く時、セミナーを開催する時、営業に行く時、どんな時でも、気分・体調を最高の状態に整えてから行くようにしてください。

●行動や表情を変えれば気分も変わる

ただ、そうは言ってもテンションが上がらない時もありますよね。そんな時は、動きや言葉だけでも前向きな状態を作ってから行くと良いでしょう。

実際に感じていただきたいので、ちょっと次のことを試してみてください。

・スキップをしながら、腹が立つことを考える
・笑顔を作りながら、悲しいことを考える

考えられましたか？　難しいですよね？

実は、気持ちがそのまますべてを決めるわけではないのです。行動や表情を変えるだけでも、気分や状態が変わります。

だからと言ってスキップをする必要はありませんが、例えば交流会に行く時、セミナー

を開催する時、営業に行く時、テンションが上がらないという時は、笑顔で「大丈夫！楽しもう！」と声に出して言ってみてください。もしくは、上を向いて、笑顔で大きな声を出してみてください。それだけでも、身体の中がじんわりと暖かくなり、テンションが少し上がるのがわかると思います。

あなた自身の気分や体調の状態が、あなたの行動を作り、結果を生み出すことを忘れずに日々、最高の気分・状態に整えていきましょう。

話す前に、まずは聴こう

● LANS会話法で相手の懐に入る

ここまでも何度もお話をしてきましたが、まずは相手のお話を聞くことだけに専念しましょう。自分から喋りまくる人がよくいますが、9割不快感を与えていますので気をつけてください。外交的な方、不安を持って臨んでいる方に多い傾向ですね。

そうは言っても難しいと思いますので、その際に活用できる「相手の懐に入るLANS（ランズ）会話法」というものがあります。私が考えたものなので調べても出てきませんが（笑）、LANSとは次の4つの頭文字を取ったものです。

・Listen（聴く）

・Acknowledgment（承認）

・Nod（頷く・相づち）
・Speak（話す）

つまり、まずは相手の話を聞き、承認しながら、頷いたり、相づちを打っていき、そして相手のお話を聞き終わった上で初めて話すという会話法です。

この会話法を取り入れることで、相手は気持ちよくどんどん話をしてくださいます。もちろん、そこは質問もしながらになりますが、このＬＡＮＳ会話法を意識するだけで、お相手があなたに良い印象を持つことは間違いなしです。

また、承認については、褒めることができればもちろん良いですが、第３章でお話したソーシャルスタイル理論の４つの性格に合わせて響く部分の話を聞くこと、そこを認めてあげることでも充分相手に届きます。

詳しくは、次項のトーク術をご覧ください。

かけてもらって嬉しい言葉をかけよう

●褒め言葉だけが「嬉しい言葉」ではありません

人は「見た目」に対しての言葉をかけてもらうと嬉しいものです。こだわりがある人ならなおさら。例えば、笑顔や声などはもちろん、ファッションであったり、髪型やネイルであったり、時計や靴、かばんなどであったり。見た目には、その人のこだわりが詰まっています。

見た目を意識して見てみると、情報を多く拾うことができますし、話のきっかけにもなるのです。実際に、銀座のクラブなどでは、時計や靴などを必ず見ると言われていますしね。

そして、大事なのは気づいたことを、言語化して伝えること。例えば「靴、素敵ですね！」「胸元のチーフ、オシャレですね！」「その時計、すごくほしかったんです！」などなど。

何でも良いので、とにかく言語化をしてあげましょう。

別に褒めなくても大丈夫です。見たままをそのまま伝えるだけでも、相手は見てもらえていると思ってくださいます。例えば、「今日のネクタイは赤いですね！」とかでもＯＫです。

人には承認欲求があります。そこをしっかりと満たしてあげることが重要になります。

欠乏欲求を満たすことが重要

有名なお話ですが、マズローの欲求５段階説というのは、聞いたことあるでしょう。アメリカの心理学者である、アブラハム・ハロルド・マズローが、１９４３年に発表した論文「人間の動機づけに関する理論」で解説したものです。

その論文では、人間誰しもが持っている欲求を次の５つの階層に分けています。

・生理的欲求
・安全の欲求

・社会的欲求
・承認欲求
・自己実現の欲求

ただ、晩年のマズローによると5番目の「自己実現の欲求」は「超越的でない自己実現欲求」と「超越的な自己実現欲求」の2つの階層に分かれると言っています。そのため、現在は「マズローの欲求5段階説」は「マズローの欲求6段階説」と表現した方がより正確です。

詳しく話していくと長くなってしまうので本書では割愛をしますが、この4段階目の承認欲求は「高く評価されたい、自分の能力を認められたい」という欲求です。仕事で自分がやったこと、実績をもっと評価されたいと望むことや、SNSで自分の投稿に「いいね！」をつけてほしい、「フォロワー」が増えてほしいと思う気持ちなども、承認欲求になります。

また、マズローの説では、欲求のうち4段階までは「欠乏欲求」、5段階以降が「成長欲求」と言われているものになります。つまり承認欲求は欠乏欲求なので、満たされていないと辛くなってしまいます。

なので、あなたがもしその承認欲求を満たしてあげることができれば、相手はあなたに好印象を持ってくださるでしょう。そのために、こだわりを持つ見た目をしっかりと言語して伝えてあげることが重要になります。

相づちは声を相手の感情に合わせて1・5倍にしよう

●相づちは共感を相手に伝えるツール

続いて、相づちの仕方のお話です。

相づちとは、「そうですね」「うんうん」など、会話の間に入れる合いの手のようなもの。

その際に重要なことは、相手に共感していることが伝わることです。ただ何も考えずに「そうですね」「うんうん」と言うだけでは、共感していることが伝わりません。

ではどうすれば良いかと言うと、相手の感情に合わせて表情や声のトーンを1・5倍にするということ。それによって、共感していることがより伝わるようになります。

実はこれは、共感能力がもともと高い方は、意識せず当たり前にできていることです。

しかし、私のように内向的なタイプは意識をしないと、無感情に近い状態で相づちを打ちがちです（笑）。

●声の大きさ・トーン・スピードを意識する

例えば、楽しそうにしている、嬉しそうにしている時は、声を大きく、トーンも高くして、スピードも上げる。悲しそうな話の時は、声を小さくして、トーンも低くし、ゆっくり話す。その際に、普段の自分の1・5倍を意識すると良いです。２倍だと大げさすぎてわざとらしく聞こえてしまいます。1・5倍であれば、わざとらしくなく、共感していることが伝わります。

声を制するものは会話を制することもできると私は思っています。声の大きさやトーン、抑揚、スピード、そして相づちや頷きを意識するだけで、リズムを作ることができ、会話をあなたのペースに持っていくこともできますので、ぜひ意識してみてください。

「相づちのさしすせそ×2」を活用しよう

●相づちはこの10個が最強

前項で相づちの話をしましたが、ここで最強の相づちをお伝えしますね。それは「相づちのさしすせそ×2」。×2というのは、それぞれ2つずつあるということです。

これは、私がよく使う相づちなのですが、「男性を喜ばすさしすせそ」というのと似たようなものです（笑）。この相づちと声のトーンだけで、相手は話しやすくなり、信頼をしてくださいますので、ぜひ参考にしてください。

では行きましょう！

・「さ」の1……「さすがですね！！」

これは相手を褒める時に使う、鉄板のワードです。「〇〇さん、さすがですね！」といった形で活用できます。

さらに、その前に例えば「えーーーーー！！」と驚嘆を入れると、もっと良いですね。

・**「さ」の２……「最高ですね！」**

ノリが良い人には使いやすい言葉になります。この言葉を言うと相手も「最高です！」と返してくれるので、相づちのキャッチボールができ、リズムもできていきます。

・**「し」の１……「知らないです！」**

自分が知らないことを聞いたら、素直に「知らないです」とお伝えしましょう。人は「教えたい願望」がありますから、「知らないです。教えてもらっても良いですか？」と素直に聞きましょう！

・**「し」の２……「信じられない！」**

相手がしたことが自分にはできないことで、素直に驚いたら、このワードが使えます。けっこうなパワーワードですから、相手もニコニコが止まらなくなります。

・「す」の1……「すごいですね！」

もう言わなくてもわかるぐらいの鉄板ですね！　鉄板となるということは、それだけ相手にとって嬉しい相づちということなわけです。ぜひ活用していきましょう。

・「す」の2……「スルドイですね！」

この相づちも、喜んでくれる方がとても多いです。特に男性は。

「でしょ〜？」とおっしゃる方が多いので、それにもう1つの「す」、「いや、本当にすごいですよ！」と返すと、相手の喜びも倍増しますね。

・「せ」の1……「せっかくですし」

このワードは相手に何かを促す際にも使えますし、例えば「せっかく○○さんにお会いできたので行きます！」のように相手を立てた状態で自分の行動を表す際にも使えます。

・「せ」の2……「説得力ありますね！」

相手が自信を持っておっしゃった時に使うと、「良かった」「嬉しい」という感情を持ってくださいます。何かを教えている方などにとっては、承認欲求を満たす言葉でもありますので、場の空気や相手の表情を見ながら活用してみてくださいね。

・「そ」の１……「そうなんですか」「そうなんですね」

これはわかりやすいですね。「すごいです」に続く鉄板ワードです。

ただ、これも言い方で何種類も使い分けられます。「そうなんですか⁉」と語尾のトーンを上げることで驚嘆の相づちとしても使えますし、語尾のトーンを下げて通常の相づちとしても、悲しみを表す相づちとしても使うことができます。

いろいろな形で、ぜひ使ってみてくださいね。

・「そ」の２……「そんなことがあったんですね」

あなたが過去の話をすると、相手も返報性の原理で過去の話をしてくださいます。その際に相手の過去に起きたことを認めてあげることで、信頼へとつながっていきます。

この「相づちのさしすせそ×２」を使うと、それぞれ声のトーンや大きさ、語尾の上げ下げで、あなたの共感の感情をしっかりと伝えることが可能になります。無感情ではなく、相手の感情に合わせて、しっかりと活用し、相手に気持ちよく話していただけるようにしていきましょう。

ぷっと笑える失敗談のネタ帳を持とう

●自己開示すれば信頼関係の構築時間をぐっと縮められる

ビジネスにおいてもっとも重要なこと。それは信頼関係です。よく「ラポールを築きましょう！」と言われることがありますが、同じことですね。

ただ、そうは言っても信頼関係の構築には、基本的には時間がかかってしまいます。特に、第一印象で好き嫌いはある程度わかってしまいますので、そこでもし嫌いと思われてしまうと、好きになってもらうのは大変です（だからこそ、自己紹介が大事なのですが）。

その中で、どうやって早く信頼関係を構築していけば良いのか？

そのために重要なのが「自己開示」です。ただ、そうは言っても何でもかんでも自己開示すれば良いのかと言うと、そうではありません。そこには意味、目的があるわけです。

では、どんな自己開示をすれば良いかと言うと、それは「失敗談」を話すことです。

●失敗談で距離が近くなる理由

世の中の本は成功事例ばかりが並んでいるわけですが、失敗談というのはそれだけ表には出しづらいものです。特に、初対面の場合は、相手に自分の魅力を知ってもらいたくて、成功談や自慢話をしてしまう傾向にあります。

だからこそ、失敗談をこちら側から話すのです。すると、「初対面なのに、こんな恥ずかしい話を話してくれた」ということが、「この人は信頼できる人だ」という思いにつながりやすくなります。距離も一気に近くなりますよね。

さらに言うと、心理学的に言う「返報性の法則」も働くため、相手は「こんな話をしてくれたんだから、私も何か話した方が良いかな、話さなきゃ悪いかな」と感じるわけです。そして、相手も自分の失敗談などを話してくださるようになります。すると、「私はこれだけ恥ずかしい話をしているのだから、この人のことを信頼しているはずだ！」と思うようにもなっていきます。

とは言ってもいきなり、重すぎる話をすると引かれてしまうこともありますので、最初はぷっと笑えるぐらいのネタを話していきましょう。いきなり、そんな話を思いつかないという場合は、芸人さんのネタ帳と同じで、自分のぷっと笑えるネタ帳を作っておくのがオススメです。スマホのメモでも良いですしね。しっかりとストックしておくことで、いつでも引き出せるようにしておいてください。

また、自己開示に適した話題というのが、実は失敗談以外にもあって、心理学の研究でわかっています。次項でそちらをお伝えしていきますね。

自己開示で親密度をアップしよう

●自己開示に適した10のテーマ

自己開示は認知に不協和（認知的不協和）を起こすことができます。認知的不協和とは、自分の考えと行動が矛盾した時に感じる不安を解消するため、考えを変更することにより行動を「正当化」する現象のことです。

どういうことかと言うと、あなたが自己開示をした場合、相手は「まだ親しくないのにそんなことまで話してくれるんだ」と感じ、そこに不協和が起こります。そこで正当化するために、「この人と私は親しいんだ」と感じるようになるということです。だからこそ、自己開示をすると瞬間的に親密度がアップし、信頼関係の構築ができるようになります。

では、どのような自己開示をすると良いのか？

これから紹介するのは、社会心理学者のゲイリー・ウッドがまとめた「自己開示に適した10のテーマ」です。このテーマを知っておくと話のきっかけにもなり、さらには自己開示もできるので、親密度もアップしていきます。例とともにご紹介しますので、ぜひ会話の糸口として活用してください。

①お金や健康に関する心配事

お金や健康というのは、かなりプライベートな話で、本来なら身近な人にしか伝えないことですよね。だからこそ、そんなことを開示してくれている人は、親しい間柄だと感じます。

さらに、返報性の原理が働くので、相手も話そうと思ってくださいます。実際に開示をしてくれた場合は、さらに信頼感へとつながっていくでしょう。

また、お金や健康というのは、人が解決したい悩みでもトップにくるものです。あなたがまず自己開示することで、相手のお金と健康に関する悩みを知ることができます。

【例】

・正直、貯金が全然なくて、老後2000万円問題を聞いた時、将来が不安で不安で仕方がありませんでした。
・30歳を超えてから、全然痩せなくなっちゃって、20キロ太ってしまったので、そろそろ運動しなきゃと思っていて。

②自分がイライラすること、許せないこと

この情報を開示することで、価値観の共有をすることができます。

また、これはビジネス的にもかなり大きな意味を持ちます。いわゆる共通の敵を作るということです。

例えば、職場で、「あの上司、本当にムカつくんだよね！」「そうそう！　本当に！」なんて話題で盛り上がったことがありませんか？　これがまさに上司という共通の敵が見つかり、そこで意気投合し盛り上がった実例です。

この共通の敵というのは、私達が生まれる遥か前から使われている手法で、最近で言えばグレタさんが使っていましたね。

ただし、ここでのポイントは、誰か特定の人の悪口を言わないということ。なぜかと言

うと、自発的特徴変換が起きてしまうからです。

自発的特徴変換というのは、雰囲気を見えたものに投影してしまう心理現象のこと。実際にオハイオ州立大学が実験をしていて、誰かの悪口を言うと、その言った人自身がネガティブに取られてしまうという結果が出ています。そのため、特定の誰かの悪口は避けましょう。

【例】
・もともと飲食店をやっていたこともあって、店員に横柄な態度をする人を見ると許せないんですよね。
・時間や約束を守らない人が好きじゃなくてイライラしちゃうんですよね。

③人生において幸福を感じること

こちらは先ほどとは逆で、良い方向に自発的特徴変換が起きます。

自分の好きなことであったり、楽しいこと、幸福を感じることを話していると笑顔になっていますよね。そのため相手も楽しく聞くことができ、相手の幸福に感じることを話してくれるでしょう。

【例】
・最近ゴルフにはまっていて、外で運動するのですが、仲間達とたわいのない時間を過ごすのが本当に楽しいし幸せで。
・自分の売上が上がることも、もちろん大事ですが、受講生の成果が出ることがいちばん幸せなんですよね。

④自分が改善したいこと

これは、悩みを話すというより、改善しようと思っていることを話すことが重要です。それにより、相手が今改善しようとしていることがわかるので、「そこを改善したいのであれば、お手伝いできるかもしれません」とあなたのビジネスにつなげることもできます。

【例】
・今、広告からのセールスファネルがうまく作りきれていないので、改善しようと思っているんですよね。
・この前、海外に行ったらホテルでの会話ですらけっこう苦労したから、勉強しようと思っているんですよね。

⑤自分の夢・目標・野望

自分の夢や目標、野望というのはポジティブなものです。さらには、今の話ではなく、将来の話を嬉々として本気で語るあなたは、魅力的に映ります。
また、相手の夢や目標、野望を伺うことができるので、セールスする機会があれば、その未来をお手伝いできることを話すことができます。

【例】
・将来、子供達のために学校を作りたいんですよね。まずは、オンラインからで良いのでマーケティングやお金の勉強をできる場を作って、未来は明るいんだよということを伝えたいんです。
・将来、○○で起業をしようと思っているんですよね。その方が多くの人を助けられると思うんです。

⑥ユーモアを交えた性的な話

これは、超強力でもあるのですが、諸刃の剣のため、タイミングをよく考えなければいけません。特に相手が異性の場合は、ある程度の信頼関係が構築できた上で話していきましょう。

【例】
・実は、僕○○フェチなんですよね。
・うちの旦那、夜がちょっとね……。

⑦弱点やマイナス面

普通、弱点やマイナス面というのは隠したがるものです。それを言えるということは、弱い人ではなく強い人、自分自身を客観的に見ることができる人という印象を与えることができます。

また、相手の弱点やマイナス面を伺うこともできるので、そこを受け止めた上でお話をすることが可能になります。

【例】
・新しいことを始めるとか、創造するのは得意なんですが、コツコツやるのが本当に苦手で、直したいんですよね。
・初対面の人と喋るのが本当に苦手なんです。けど○○さんは話しやすくて、すごい楽しいです。

⑧ 怒ってしまう出来事

これは「自分がイライラすること、許せないこと」に近いですが、もう少し深い話になります。私情での怒りというより、義憤と言うか、もう少し大局的に見た怒りを指します。

【例】

・USP至上主義が好きではないんです。ライバルにばかり目を向けるのではなくて、もっとお客様や自分へとフォーカスした方が良いと思うんですよね。

・売上ばかり、お金のことしか考えていない講師が本当に腹が立つんですよね。なんで、もっとお客様の成果にフォーカスをしないんだろうって。

⑨ 趣味や興味

趣味や興味があることを話すと、会話のきっかけになるだけではなく、そこから共通点を発見できることもあります。ただ、相手がまったくそのことに興味がない場合もあるので、相手に引っかかりのあるワードを入れていくことを意識してみてください。

【例】
・最近ゴルフにはまっていて、起業家仲間と行くんですが、結局ずっと仕事の話ばかりしています。けど有料級の話が普通に聞けて、健康になりながらビジネスも成長できています（笑）。
・筋トレをすると集中力がアップするって聞いて、最近筋トレにはまっているんです。

⑩ 恥ずかしかった体験や罪悪感を覚えた体験

これが、前の項でお話していた失敗談の部分になりますね。
初対面の場合は特に、相手に自分の魅力を知ってもらいたくて、成功談や自慢話をしてしまう傾向にあります。だからこそ、失敗談を話せることはプラスに働きますので、ぜひネタ帳を作っておいてください。

【例】
・うちの実家が貧乏で、車もなかったから同級生にバカにされたんですよね。その時はすごい恥ずかしかったんですが、今はそれでも幸せだったなって思うんです。
・起業当初、まったくお客様がいなくて、クレジットカードでばかり買い物をしていたんですが、支払いを延期していたら強制的にカードを破棄させられたことがあって。

いかがでしたでしょうか？　自己開示はやるだけで信頼関係の構築ができるので、とても良いテクニックになります。

一点だけ気をつけてほしいのは、自分から開示をするということ。自分から開示することで、初対面だとしても相手も自己開示をしてくださり、そこで初めて信頼を得ることができます。

ただ、そうは言ってもマシンガントークになっちゃダメですよ？　あくまでも相手に自己開示していただく呼び水程度です。話す割合で言うと、２割程度。後は、相づちなどで相手のお話をしっかり聞いてあげましょう。

２種類の質問を駆使して、初対面の人とでも会話を弾ませよう

●最初の質問はクローズドクエスチョンで

質問にはオープンクエスチョンとクローズドクエスチョンという2つがあります。オープンクエスチョンは自由な回答を求める質問で、クローズドクエスチョンはイエス・ノーなどの選択肢で答えてもらう質問のことです。

初対面の相手の場合、信頼関係がないため、自由に回答すると言ってもなかなかすべてを話してくれません。そのため、まずはクローズドクエスチョンで回答しやすい質問をし、会話にリズムを作っていきましょう。

ただし、クローズドクエスチョンを続けすぎると、ただの刑事の尋問のようになりますので、そこは充分に気をつけてください。質問だけではなく、相づちや承認なども合わせて活用してみてくださいね。

●初対面でも悩みを聞き出す会話例

では、実際の例をお見せしたいと思います。交流会でお会いした、名刺に「マーケティング・広告すべてお任せください」と書かれていた男性の方との会話です。

「こういう交流会にはよく出られるんですか？」

「そうですね。月に1回ぐらいは参加するようにしています」

「そうなんですね。さすがです！　僕は最近は全然出ていなくて。お名刺を拝見しましたが、お仕事ってコンサルティングですか？　それとも広告中心なんですか？」

「広告関係ですね」

「えーそうなんですか!?　すごいですね。広告は自分でやったこともありますが、難しくて。お客様は、法人様ですか？　それともひとり起業家さんの方が多いですか？」

「法人がほとんどですね」

「そうなんですね。いや〜、うらやましいです。法人さんだと広告費ってけっこう使ってくれますよね？」

「そうですね。毎月１００万ぐらいのところが多いですが、１０００万、５０００万使うところもありますよ！」

「えー！　信じられない！　すごいですね、本当に！　けど、それを運用している○○さんがすごい！」

「いやいや、そんなことないですよ！　お相手あってですから」

「けど、それだけの金額って怖くないですか？」

「やっぱり怖いと思う時はありますけどね。いろいろな事例が集まっているので、考えながら必死にやっています（笑）」

「ですよね。やっぱり怖いですよね。僕だったらビビってできません（笑）。けど、それだけの運用をしていたり、毎月こういうところに出られて頑張っているとなると、売上なんてすごい上がっていて、悩みなんてなさそうですよね？」

「いやいや……全然そんなことはなくて。実は、広告は結局手作業なので、マンパワーがけっこうかかるのもあって。マーケティングを含め、今後の方向性を悩んでいて」

こんな感じですね。最初は答えやすいクローズドクエスチョンから入り、相づち、承認をしながら、どんどんオープンクエスチョンにしていきました。そして、最終的に相手の悩みを引き出せたのです。

実は、この悩みを引き出す質問にも、コツがあるのです。次項でお話しますね。

キラークエスチョンで相手の悩みを引き出そう

●「褒め言葉＋よね？」で悩みがポロッと出てくる

前項の会話例で、次の質問を投げかけたところ、お相手が今現在の悩みを喋り出してくださいましたよね。

「けど、それだけの運用をしていたり、毎月こういうところに出られて頑張っているとなると、売上なんてすごい上がっていて、悩みなんてなさそうですよね？」

これがまさに、相手の悩みを引き出すキラークエスチョンです。

「褒め言葉＋よね？」の組み合わせ。これを言われると、ついつい悩みを言ってしまいます。

ちょっとあなたも想像してみてほしいのですが、話し相手から「売上、すごいですよね？」「集客、すごいできていますよね？」「お肌がすごいきれいですよね？」と言われたらいいかがでしょうか？　もしあなたが、その部分に悩みを持っていたら、「いや、そんなことなくて。実は……」と悩みを言ってしまいませんか？

そのため、あなたが聞きたい部分について、この「褒め言葉＋よね？」を使うことで、相手の悩みを引き出すことができてしまうのです。

●「売上に苦しんでいますよね？」では逆効果

ちなみに、逆を考えてみましょう。お相手から「売上に苦しんでいますよね？」「集客、厳しそうですよね？」「お肌が荒れていますよね？」と言われたらどうでしょうか？　しかもそれが初対面の方だったら……。

「うるさい！　大きなお世話だ！」ってなりますよね？　こうやって聞くと、当たり前のように聞こえるとは思います。

しかし、ここまでの言葉ではなく、業界の話になった時などに、「○○業界って売上、厳しそうですよね？」ぐらいだったら多くの方が言ってしまっていると思います。これは、決めつけで自然とマウントを取ってしまっているのです。

大切なのは、お客様の方から「売上が厳しいんです」という言葉を引き出すこと。そのために、ぜひ「褒め言葉＋よね？」を活用してみてください。

一瞬で信頼関係を築くために「過去の窓」を開けよう

●本人だけが知っている「秘密の窓」を開ける

ここまで、相づちや言葉がけ、質問についてお話してきましたが、すべては信頼関係を構築することのためです。そこで、さらに一瞬で信頼関係を築く裏技をお伝えします。

それは、過去の窓を開けること。

「ジョハリの窓」って聞いたことはありますか？　1955年にアメリカにて催行された「グループ成長のためのラボラトリートレーニング」で、サンフランシスコ州立大学の心理学者ジョセフ・ルフト氏とハリ・インガム氏が共同で発表した「対人関係における気づきのグラフモデル」のことです。それを後に「ジョハリの窓」と呼ぶようになりました。

このジョハリの窓の「秘密の窓」を開けることができれば、信頼関係は深まります。自分だけが知っていることなので、そのことを知っている人がいたら、近しい人ですよね。

2種類の質問で小さい頃の話を聞く

そして、さらに一瞬で信頼関係を築くために、相手の小さい頃の話を聞き出すことが重要になります。

考えてみてください。あなたの小さい頃を知っている方って誰がいますか？ 家族、幼なじみ、親戚、近所のおばちゃんなどなど、ごく身近の方達だけですよね。

ちなみにビジネスの仲間で、あなたの小さい頃のことを知っている方ってどれぐらいいますか？ もしいたとしたら、親近感を持っていたり、信頼をしていませんか？

小さい頃の自分を知っている人は、幼なじみなどと同じで、昔から知っているかのよ

ジョハリの窓

主観的な視点

客観的な視点	自分が知っている	自分が知らない
他人が知っている	開放の窓	盲点の窓
他人が知らない	秘密の窓	未知の窓

うな錯覚を起こし、親しみを感じてしまうのです。

そのため、クローズドクエスチョンやオープンクエスチョンをうまく活用し、相手の小さい頃の話を聞き出してみてください。注意点としては、尋問にならないようにするということ。あくまでも相手に興味を持った上での質問にしてくださいね。

ネガティブ発言にはオウム返しで乗り切ろう

●共感と同感は違う

いろいろな方とお話をしていると、ネガティブな発言をしてくる方がいらっしゃいます。例えば「この交流会、最悪ですね」「売上が全然上がらないんですよね」「本当にあの人、ムカつきますよね」などなど。

この際に、共感や相づちが大事だからと言って、「本当ですよね」なんて言ってしまうことありませんか？　それは、ＮＧです。

まず、共感と同感の違いを知ってほしいと思います。共感は、相手の感情から話を理解するということ。同感は、相手に賛成する「あなた自身」の感情です。

つまり先ほどの「本当ですよね」というのは「同感」になってしまい、あなたも同じ思いを持っていることになってしまいます。もしあなたが、そうは思っていないのにもかかわらず同感をしてしまい、それが周りの人や悪口を言った人に聞こえてしまったらどうでしょう？　怖いですよね。

●オウム返しでも共感になる

そのため、その際には同感ではなく、共感。オウム返しで乗り切りましょう！

先ほどの例で言うと、こんな感じです。

「この交流会、最悪ですね」「交流会、最悪なんですね」

「売上が全然上がらないんですよね」「売上が全然上がらないんですね」

「本当にあの人、ムカつきますよね」「あの人がムカつくんですね」

同感をしているわけではなく、オウム返しをしているだけなのですが、共感になっていますよね。これなら相手は話を聞いてもらえていると感じ、信頼関係を作ることができますので、ぜひ試してみてください。

まぁネガティブ発言が多い人は、あなたの文句も言う可能性も高いので、仕事を一緒にしない方が良いと思いますけどね（笑）。

「いや」「しかし」はNGワードにしよう

●初対面での反論は致命的

お話をしていると、たまに間違った知識をおっしゃる方がいらっしゃいます。人間ですから、もちろん間違いはありますよね。そんな時、トークが下手な方や自己主張が強い方は、その間違いを訂正しがちです。

また、自分の意見、主張に自信がある方にもその傾向はあります。お客様の意見に対して「いや、それは」「しかし、その件は」などと反論をしてしまうのです。

実はその反論は、けっこう致命的なんです。

相手がもう何度も会っていて信頼関係もできている方であれば、まだ良いと思います。しかし、初対面でいきなり反論をされたら、あなたはいかがでしょうか？　たぶん腹が立ちますよね。

●意見は十人十色でいい

これは、どちらかと言うとマインドに近いかもしれませんが、意見は十人十色です。あなたはそう思っていても、相手はそう思っていなくて違う意見だった、というだけなんです。

だからこそ、反論したい意見だったとしても、その意見をまずは受け入れてください。もちろん、同感する必要はなく、あくまでも共感です。「同じ意見です」と同感するのではなく、「あなたはそういう意見なんですね」と共感をするだけ。

前の項でもお話ししましたが、それだけで相手は受け入れてくれていると感じます。その上で「私はこう思います」と意見を述べれば、余計な摩擦も起きずにスムーズに会話が成立するでしょう。

相手の表情で理解度をチェックしよう

●人は瞬間的に表情に感情が出る

お話をしていてマシンガントークになりがちな人ほど、相手を置き去りにしてしまっている可能性があります。ビジネストークで重要なことは、相手に寄り添ってお話をしていくこと。それなのに相手がわからない言葉を使って、意味が伝わっていないのに、そのまま話を進めてしまい、後でまた同じ話になったり、「よくわからなかった」でお話自体が終わってしまうことがあります。

とは言っても、お客様がどう感じているか、理解できているかわからないという場合もあると思います。そこで、お客様が理解しているか、チェックする1つのポイントがあります。それが「表情」。

わからないことや、引っかかることがあると、人は瞬間的に表情に出ます。一瞬でも表情が曇ったら、今言った言葉を簡単な言葉に言い直したり、「○○ってご存知ですか？」と質問をしてみましょう。それによって、わからないまま話を進めていくということがなくなり、その後の商談にもつながりやすくなります。

わからないことがあると、そこから先の話は入ってこない

これは、実際に私自身も接客業をしていた時に、かなり意識をしていました。

例えば、「ポン酢のジュレがかかっています」と説明をした時に、「ん？」という顔をされる方が、たまにいらっしゃいます。その表情を見逃さず、「その、上にかかっているゼリー状のものですね。それが実はポン酢なんです！」と切り替えると、お客様は納得して話を聞いてくださるんです。

逆に、その切り替えがないと「ジュレって何だろう？　上にかかっているやつのこと？」と気になって、そこから先の話が入ってこない状態になってしまうわけですね。

しっかりと話に集中していただくためにも、相手の表情をしっかり見ながら、お話をしていきましょう。

マジックワードで普通の会話からビジネストークにスイッチしよう

●相手の気持ちを切り替えられる5つのマジックワード

交流会などで、最終的にアポイントメントを取る、ビジネスの提案をする機会というのはあります。しかし、普通に会話をしているところから急にビジネスの話になると、警戒をする方もいらっしゃいます。もしくは、いつもどうやって話を変えれば良いかわからない、なんて悩みを持つ方もいるでしょう。

そこで、普通の会話をしながら、ここぞというタイミングでビジネスのトークへとスイッチできる5つのマジックワードをお伝えします。

・「今から、仕事の話をさせていただいても良いですか？」

とてもシンプルなのですが、これから仕事の話をしますと宣言する方法です。この問いに対してイエスとなった場合は、一貫性の法則も働きますので、相手も怒ったりはできないですよね。

・「もしかして、お役に立てるかもという話があるのですが、お話して良いですか？」

こちらは相手に寄り添った問いかけになります。

今回のマジックワードはすべて質問形式になっています。それは、相手に対して宣言をし、その判断を委ねているということ。そのことによって、相手も聞く態度を取ってくださいます。

・「ちょっと真面目な話をしても良いですか？」

それまでは雑談のような形になっていると思います。だからと言ってふざけているわけではもちろんありませんが、ここぞというタイミングで「真面目な話」というワードを使うことで、ビジネスのモードにスイッチすることができます。

・「もしかして、〇〇を解決したいと思っていますか？」

こちらは相手の話をヒアリングする中で、自分が役に立てそうな悩みが出た時に、スイッチに使えるワードです。この質問にイエスだった場合、「そうなんですね」と一度受け入れてから、「実は、私はこういうことをやっていまして」と、自分がお役に立てるということを話し始めます。

・「ちょっと〇〇さんに役立ちそうな情報があるんですが、お話して良いですか？」

こちらは、あなたが自身の話をするという宣言ではなく、あくまでも相手の役に立ちそうな情報を話しますという質問です。

もちろん実際はあなたがお役に立てるという話をしていくのですが、お話する際は、あなたが主語ではなく、あくまでも相手が主語となり、興味を持って聞いてくださったら、自分ができるという話し方にしてみてください。

いかがでしたでしょうか？　ここまで紹介したトーク術を活用することで、人見知りの方でも、口下手の方でもビジネスへとしっかりとつなげていくことができます。

実際に、人の見た目などが気になるのは出会った最初の頃だけで、３回目以降は気にならないという実験結果も出ています。初対面の時に自己紹介や会話を気をつけることができれば大丈夫、ということですね。

ぜひ本章のトーク術をどんどん意識して活用してみてください。

「円」と「縁」を大切にしよう

● 売上を上げていく円を作る

ここまで、自己紹介で興味を引き、初対面の方とでも会話を弾ませ、ビジネスにつなげたり「また会いたい」と言ってもらえるためにどうすれば良いかをお伝えしてきました。実際に、今まで作ってきた自己紹介を活用すれば、１０００万円を稼いでいくことが充分可能になります。

ただ、現時点だとまだ、それぞれを点でお伝えしただけになります。ビジネスとして売上が上がっている方達というのは、「点」ではなく「線」そして「円」で見ています。自己紹介を皮切りに、すべてを循環させていく必要があり、循環しているからこそ、売上につながっていくのです。

ぜひ自己紹介を活用し１０００万円を稼ぐために、循環する円を作り上げていってほしいなと思います。

●受けた恩は返すのが当たり前

そして、売上を上げていくためには「円」だけでなく、同じ「えん」でも、「縁」もとても重要です。

私は、人生は縁でできていると考えています。当たり前の話ですが、人はひとりでは生きていけません。生きていく中で多くの方と出会い、今があります。そのすべてはご縁であり、そのご縁をどう活かすかで人生の質が変わってきますし、もちろんビジネスが加速するか減速するかも決まります。

交流会やセミナーに参加して出会う人たちもご縁ですよね。さらには自己紹介で興味を持っていただけた方はさらに深い縁になっていきます。

では、そのご縁をどう活かせば良いかと言うと、まずは恩返しです。中には恩を仇で返す方もたくさんいます。果たしてそういう方は応援をされるでしょうか？　お願いをした時にそのお願いを聞いていただけるでしょうか？　当たり前の話ですが、聞いていただけないですよね。

そういうことなのです。受けた恩を忘れずに、受けた恩はしっかり返す。それも「しょうがなく」「ギブ・アンド・テイク」ではなく、「受けた恩は返すのが当たり前」として返す。そのことが、成功へとつながっていきます。

●恩は行動で返す

例えば、交流会での自己紹介で興味を持っていただいたとします。そのことでご紹介をいただいて、ビジネスにつながったとなれば、あなたも紹介を積極的にする。ちなみに、ここでビジネスにつながらなくても大丈夫です。紹介をするという行動自体が恩返しになります。

その先はお客様次第ですので、自分でコントロールできないことに一喜一憂する必要はありません。「恩は行動で返す」ということを意識してみてください。

●恩返しだけではなく、恩送りをする

そして、さらに成功へと加速させるのは「恩送り」です。

恩を受けてそれを返すことは当たり前です。さらにその先へ行くには、受けた恩を誰かに送ること、恩送りをしていくことが大切です。そうすることで、その送られた誰かは、あなたに恩返しをしてくれるかもしれませんし、同じように恩送りをしてくれるかもしれません。

あなたがきっかけになり、良い循環がスタートするのです。その循環が世の中を良い方向へ変えることにつながります。

社会はすべてがつながっています。良い循環は回り回って必ずあなたに返ってくる。そんな素敵で最高な人生をあなたには過ごしてほしいと心から思います。

実際に、私自身もお世話になった方へ恩返しをもちろんさせていただいています。そして、それだけではなく、しっかりと私が受けた恩を以前の私と同じような方達へと送っている。だからこそ私は今、最高な人生を送ることができています。素敵な仲間、素敵なスタッフに囲まれ、笑顔で過ごすことができています。

あなたにも本書がきっかけで素敵で最高な、充実した人生を送っていただけたら、私にとって最高の恩送りになります。あなたの幸せを心から祈っています。

章末ワーク

自己肯定感を上げる！　1日3つ褒め褒めワーク

●ビジネスをしていく上で自己肯定感はとても重要

この章はこれで終わりになりますが、最後に1つワークをお伝えさせていただきます。このワークはあなた自身が愛されているということがわかり、自己肯定感が上がるものです。

ビジネスをしていく上で、この自己肯定感というのはとても重要です。例えば、「私なんて……」って言っている人が愛されるでしょうか？　お仕事をお願いしたいと思いますか？　思わないですよね？

ただそうは言っても、傲慢な態度も違います。「俺は偉いんだ！」という人とは一緒にいたくないですよね（笑）。

そうではなく、あなた自身が愛されている。だからお願いをしても嫌われないし、セールスをしても嫌われない。そう思えれば、フラットな状態ですべてに取り組むことができるようになります。

それは、自己紹介も同じです。あなたの人柄が、自己紹介では滲み出てきます。表情や態度などが自信なさげなのか、傲慢なのか、なんとなくわかってしまいますよね。それ次第で、せっかく良い自己紹介を作ったとしても無駄になってしまうかもしれません。

せっかく作った良い自己紹介を活かしていくためにも最低1ヶ月、できれば3ヶ月、このワークを続けてみてください。そのことで、自己紹介だけであなたの人柄が伝わるようになりますし、お金も受け取れるようになり、人から愛され、自分のことを愛し、楽しく笑顔で充実した人生を過ごせるようになります。

●「1日3つ褒め褒めワーク」の進め方

では、実際にワークをお伝えします。今回のワークは「1日3つ褒め褒めワーク」です。このワークをやることで、次のような効果があります。

・頑張らず、自然体で行動できるようになり、成果が出るスピードが加速します。
・「できない」が口癖という方は、行動できない理由がなくなります。
・お金を受け取ることに抵抗がある方は、お金をしっかり受け取れるようになります。
・自分の嫌いな部分を感じなくなり、感情のアップダウンがなくなります。
・セールスの成約率や商品単価が上がります。

まず、このワークをする前に、ワーク用のノート、もしくはPCやスマホ上のメモ帳などを用意してください。後は、次のように行います。

・1ヶ月目……今日1日の中で、自分を褒めてあげられる行動を3つノートに記入する。
・2ヶ月目……今日1日の中で、自分と身近な人（家族、恋人、同僚など）の褒めてあげられる行動をそれぞれ3つノートに記入する。
・3ヶ月目……今日1日の中で、自分と身近ではない人（道端で見かけた人、友人ではなく知人ぐらいの人、交流会で会った人など）の褒めてあげられる行動それぞれ３つをノートに記入する。

なお、ノートに記入する際には、以下のルールに従ってください。

・「○○な私は素晴らしい」の形で書く。
・思ったことではなく、必ず行動に対して書く。例えば「頑張ろうと思った私は素晴らしい」はＮＧ、「自己紹介の原稿を書いた私は素晴らしい」はＯＫ。
・一度書いたことはもう書かない。
・最低１ヶ月間毎日継続する。

このワークをやることで、あなた自身を愛することができるようになるのはもちろん、周りの方を受け入れることもできていきます。そのことがビジネスの成功へとつながっていきますので、成功したいのであれば、ぜひやってみてください。

ポイントは自分の意志の力を使わず、習慣化することです。例えば「夜寝る前、歯を磨いたら書く」「朝、コーヒーを入れている時に書く」など、普段習慣としている行動とセットにすることで習慣化しやすくなりますので、試してみてください。

おわりに

最後までお読みいただきまして本当にありがとうございました。

本書は、私の初の出版ということで、私自身の経験を含め、実際に多くの仲間が成果につながったことを余すことなくお伝えさせていただきました。これは、私ひとりではお伝えできなかったことです。多くの仲間やスタッフに支えられ、その結果、本書をあなたに届けることができました。

本当に感謝しかありません。

＊　＊　＊

令和の時代は「ヒト消費」の時代です。

私が生まれた昭和の時代は「モノ消費」の時代で、新しいものがどんどん出てきて、モノを買って心を満たしていました。

そして平成になり、ある程度満たされ、商品が溢れたことで需要が減りました。また情報も溢れ、比較ができるようになったことで、モノを買って満たすのではなく、モノを買った先にある体験や経験に価値がある「コト消費」の時代に。

車のCMの変遷を考えるとわかりやすいのですが、昭和の時代は車自体の機能であったり、新しさを見せるCMが多かったのですが、平成になり、例えば家族で車に乗ってキャンプに行くなどのCMが増えましたよね。これがコト消費です。

そして、令和の時代は、商品やサービスに差がなくなり、どこで買ってもある程度満足できる時代に。また、ほとんどの人がスマホを持つようになったことで、SNSやユーチューブなどで誰でも情報が発信できる1億総メディア時代となり、情報がさらに溢れ始めました。

そこで出始めたのが、ユーチューバーやインスタグラマー、ライバーという新しいインフルエンサー。ライバーなど、会えないのに、応援したいというだけでチップのようなものを課金することが当たり前になりました。

ユーザーの消費動向が「誰かを応援したい」「好きな人が紹介していたから購入する」「誰

がやっているか」「誰から教わりたいか」と変わってきたのです。これがまさに「ヒト消費」の時代。この時に、生き残っていくのに必要なことが、本書でもお話している、あなたの人柄であり、あなたのストーリーになります。

あなたのストーリーが誰かの救いになる。そして、そのストーリーを今まで以上に届けやすくなっています。

自己紹介はビジネスをしていく上では必須のもの。どんな場面でも必ずやる機会があるものです。対面での自己紹介以外でも、ＳＮＳやユーチューブの動画などでもどこでも使えるものです。

＊　＊　＊

だからこそ、本書を手に取っていただいたあなたにお願いがあります。

「今すぐ1つで良いので何か行動をしてください！」

ビジネスでも何でも大事なことはすべて行動です。思っていたとしても行動をしなければ、何も生み出しません。本書をお読みいただき、1箇所でも良いなと思ったことがあったら、行動にぜひ移してみてください。それがあなた自身のためでもあるし、あなたによって救われる人のためになります。そして、それが私にとっての幸せになりますし、大きな恩送りになります。

あなたの成功を心より祈っております。

２０２１年４月
鈴木ケンジ

■著者プロフィール

鈴木ケンジ（すずき・けんじ）

- 株式会社ゼロワン出版　代表取締役。株式会社ゼロアンリミテッドCMO。
- 1978年生まれ。高校卒業後、遊園地や洋服屋、旅館、レストランとサービス業を12年間渡り歩いた後、旅館専門の集客コンサルタントとして2010年31歳で独立。2012年からはひとり起業家向けにマーケティングを伝えるようになる。
- 現在は自分の想いを、電子書籍や動画などのメディアで届けていくことで共感するお客様だけが集まり続け、ストレスなく売上をあげていける「人柄マーケティング」という手法を中心に、Kindle出版プロデューサー養成講座をはじめ、起業家や副業としての新しい働き方を提唱し、多くの起業家を世に輩出し続けている。
- 2015年、株式会社ゼロアンリミテッドを設立。2019年には株式会社ゼロワン出版を立ち上げ、「本×WEB×マーケティング」でひとり起業家の輝く未来・笑顔・ワクワクを創るをモットーに自分の想いに共感してくださる仲間たちを集め続けている。

■カバーデザイン：大場君人

読者限定プレゼント

本書で紹介しているワークシートや、自己紹介のセミナー動画をプレゼント！

QRコードを読み込んでいただくか、下記URLにアクセスしてください。

https://m.zero-unlimited.com/l/u/jikosyokai

※本プレゼントは著者が独自に提供するものであり、その内容について出版元はいっさい関知いたしません。あらかじめご了承ください。

驚《おどろ》くほど仕事《しごと》が取《と》れる！
自己紹介《じこしょうかい》のつくり方《かた》

発行日　2021年　5月25日　　　　第1版第1刷

著　者　鈴木《すずき》　ケンジ

発行者　斉藤　和邦
発行所　株式会社　秀和システム
〒135-0016
東京都江東区東陽2-4-2　新宮ビル2F
Tel 03-6264-3105（販売）Fax 03-6264-3094
印刷所　図書印刷株式会社　　　Printed in Japan

ISBN978-4-7980-6448-2 C0034